NENHUM deNÓS

NENHUM de NÓS

A OBRA INTEIRA DE UMA VIDA

MARCELO FERLA

Editor
Gustavo Guertler

Coordenação editorial
Fernanda Fedrizzi

Revisão
Germano Weirich

Capa e projeto gráfico
Celso Orlandin Jr.

Foto da capa
Raul Krebs

Selo Nenhum de Nós 30 anos
Luisa Copetti

Dados Internacionais de Catalogação na Fonte (CIP)
Biblioteca Pública Municipal Dr. Demetrio Niederauer
Caxias do Sul, RS

F357n   Ferla, Marcelo
            Nenhum de nós: a obra inteira de uma vida / Marcelo
        Ferla. _ Caxias do Sul, Belas Letras, 2016.
         224p: il.

        ISBN: 978-85-8174-298-4
        ISBN: 978-85-8174-340-0 (capa dura)

        1. Nenhum de nós – História. 2. Rock gaúcho.
        I. Título.

16/84   CDU 784.8(816.5)

Catalogação elaborada por
Maria Nair Sodré Monteiro da Cruz CRB-10/904

Grafia atualizada segundo o Acordo Ortográfico da Língua Portuguesa de 1990,
que entrou em vigor no Brasil em 2009.

IMPRESSO NO BRASIL

[2016]
Todos os direitos desta edição reservados à
EDITORA BELAS LETRAS LTDA.
Rua Coronel Camisão, 167
Cep: 95020-420 – Caxias do Sul – RS
Fone: (54) 3025.3888 – www.belasletras.com.br

SUMÁRIO

PREFÁCIO

O Marcelo Ferla vai contar aqui uma história que tive a sorte de ver acontecer bem de perto. Há 30 anos, meu amigo Dante falou que três ex-colegas dele no Colégio das Dores tinham formado uma banda e o haviam convidado para dar uma força, tanto com o vasto conhecimento musical que já acumulava quanto com a mão na massa, fazendo as vezes de um agente tipo Brian Epstein. Era uma proposta excitante para um apaixonado por rock que, desprovido do talento musical – ou de coragem ou cara de pau – para encarar um palco, queria de alguma forma fazer parte de uma banda, como o Dante e eu. Achei a ideia ótima. O Dante arrumou um trabalho, e dei um jeito de ir junto no embalo.

O primeiro contato com o Thedy, o Carlão e o Sady eu tive quando fui num ensaio deles no Bangalô, bar que existia na Protásio Alves e onde o Nenhum de Nós faria, ainda naquele ano de 1986, seu primeiro show. A empatia com os caras foi instantânea. Em cada um deles encontrei múltiplas afinidades: música, cinema, literatura, quadrinhos, Internacional. Muito humor e nenhuma pose. Eu assistia a muitos shows e ouvia muitas bandas novas na cena roqueira que fervilhava em Porto Alegre. De cara, deu pra perceber que aquelas boas canções do Nenhum de Nós tinham potencial para resultar em algo sério como, quem sabe, viver de música. Se todas as previsões que fiz na vida fossem tão certeiras como essa...

Em torno do Nenhum de Nós formava-se um círculo divertido, fraternal, afetuoso e, sobretudo, agregador. Eu e o Jorjão, meu colega no Jornalismo da Famecos, assumimos o que pretensiosamente acreditávamos ser o núcleo audiovisual da banda. Trabalhávamos à época em uma produtora de vídeo exercitando em casamentos e aniversários infantis as lições das aulas de cinema do professor Aníbal. Mas o equipamento, raro e caro, não era nosso. Por sorte, na turma também tinha o Wagner, colega na Engenharia Química do Sady e da Maria Inez, namorada do Thedy e futura mãe da Stella. O Wagner tinha uma PK 958, câmera VHS da Panasonic que exigia carregar no ombro também o gravador, e com a qual já somava horas de registros nos ensaios na garagem da casa da Inez.

Deixamos como legado, Wagner, Jorjão e eu, um acervo considerável de imagens que há anos estão para ser organizadas. Em algum lugar devem estar guardadas a colagem com cenas de filmes usada em um show na Crocodilos ou a histórica apresentação no Ocidente captada com duas (!) câmeras, cuja edição, no muque, resultou numa insana busca pela sincronia entre som e imagem – não sei se conseguimos completar a missão.

Era bastante intensa a convivência entre banda e agregados nos primeiros passos do Nenhum de Nós. Estava lá no show de Imbé, verão de 1987, quando o Antônio Meira, produtor do De Falla, com quem dividiram o palco, gostou do que viu e ouviu e convidou os guris para um trabalho em parceria. Comemoramos juntos o contrato com a BMG para lançar o primeiro disco e acompanhamos "Camila, Camila" conquistar o Brasil.

O negócio todo ficou rapidamente grande demais. Acabei integrado à equipe de produção nas turnês que passaram a cortar o país. Conheci com eles praias maravilhosas do Nordeste e regiões assustadoras da Baixada Fluminense. Encaramos shows em lugares míticos e em palcos insalubres. Passada a aventura da vida na estrada, acompanhei gravações em estúdio e bastidores de videoclipes — entre eles o de "Ao Meu Redor", que os levou a representar o Brasil na premiação da MTV em Los Angeles. Os contatos foram ficando rarefeitos com o passar dos anos, mas nunca deixaram de ser calorosos, pois a amizade é marca impressa no DNA da grande família Nenhum de Nós.

Em 1986, para uma banda existir era fundamental ter uma gravadora, tocar na rádio e azeitar bons contatos promocionais. Em 2016, a permanência entre os grandes é resultado de um conjunto de qualidades e habilidades forjadas pelo tempo: integridade artística, perseverança, boas músicas continuamente produzidas e canais de contato direto com fãs que já representam diferentes gerações em cada canto do Brasil. São as pontes sólidas que o Nenhum de Nós ergueu e sobre as quais segue viajando nos 30 anos de estrada que esse livro relembra em cada um de seus mais emocionantes trechos. Boa leitura.

Marcelo Perrone
Jornalista

1.
A HISTÓRIA SEM FIM

Prontos para mais um espetáculo, os integrantes da banda cumpriram seu último ritual antes de entrar em cena, um forte abraço mútuo, ainda nos camarins, de onde seguiram concentrados até o palco, passaram pelos *roadies*, pegaram seus instrumentos. Só depois de ocuparem seus postos encararam, perplexos, o público daquela noite de sábado, dia 2 de setembro de 1995, no Teatro Ultravisão, em Poços de Caldas (MG). Apenas quinze pessoas pagaram para vê-los em ação no antigo cinema cujo palco, de grandes dimensões, não ajudava dadas as circunstâncias. Depois da primeira música, eles chamaram os fãs mais para a frente e tocaram como se fosse para 15 mil. Mesmo assim, no implacável arquivo que registra todas as apresentações ao vivo do Nenhum de Nós em 30 anos de carreira, os números da bilheteria do show Acústico ao Vivo em um teatro de uma cidade no sudoeste de Minas Gerais são tão emblemáticos que surgiram naturalmente no meu primeiro encontro com o quinteto para tratar da publicação deste livro.

Não se tratava do show de um artista novo em um lugar estranho. O público mineiro sempre foi dos mais empolgados com a banda gaúcha, então com nove anos de estrada, que ganhou notoriedade por conta de "Camila, Camila", uma das músicas mais tocadas nas rádios brasileiras em 1988; que vendeu 210 mil cópias do segundo

A caminho de Lages, de Kombi, o encontro com a neve em São Joaquim, em 1987
Foto: Acervo NDN

disco, *Cardume*, de 1989, alavancado pelo sucesso de "O Astronauta de Mármore"; que emplacou "Sobre o Tempo", do álbum *Extraño*, na trilha sonora da novela global *Barriga de Aluguel*, em 1990; que se apresentou no Rock in Rio 2, em 1991, no Maracanã; que representou o Brasil no Video Music Awards de 1992, em Los Angeles, pelo videoclipe de "Ao Meu Redor", o mais votado na Escolha da Audiência da MTV brasileira.

O show de Poços de Caldas era mais um evento para uma plateia diminuta de um ano comercialmente ruim, justamente quando a banda estava fechando seu primeiro ciclo de vida. Um percalço que muitos enfrentam, nem todos suportam. Uma dificuldade na vida real de qualquer artista.

O Nenhum de Nós em Los Angeles, em 1992, quando representou o Brasil no Video Music Awards com o videoclipe de "Ao Meu Redor". *Foto: Acervo NDN*

Cerca de um ano antes, em 1994, o Nenhum de Nós era um quarteto, formado pelo trio original, Thedy Corrêa, vocalista e baixista, Carlos Stein, guitarrista, e Sady Homrich, baterista, além de Veco Marques, violonista, músico convidado desde 1989, integrante oficial desde 1992. O acordeonista e tecladista João Vicenti tinha se juntado à trupe em 1990, mas como músico convidado – foi efetivado como integrante oficial em 1996. Instrumentistas virtuosos, egressos da música tradicionalista gaúcha, Veco e João se tornaram indispensáveis a partir do momento em que a banda decidiu introduzir elementos regionais em sua sonoridade.

O baixista Nico Bueno também se tornou indispensável durante um tempo, por conta de um evento nada musical, a pouca prática de Thedy na malhação. O *frontman* frequentava há tempos uma academia perto de sua casa, mas a relação com os equipamentos de musculação não era das mais amistosas, e ele teve um acidente numa sessão, que resultou em um dedo da mão esquerda esmagado e "sangue pra tudo que é lado", duas semanas antes da apresentação única que a banda tinha agendada no Theatro São Pedro, onde registraria em áudio e vídeo seu primeiro disco acústico. Entre o cancelamento do show e a escalação de um músico competente ao ponto de assimilar arranjos em pouco tempo, a opção pela entrada de Nico, indicado por Veco Marques, prevaleceu. Com ele no time, Thedy se concentrou apenas nos vocais, e o Nenhum de Nós pôde focar no projeto que se apresentava crucial para seu destino, em um momento instável do país, do rock brasileiro e da própria banda.

Após dominar as paradas de sucesso em boa parte dos anos de 1980, o rock perdeu seu posto para o pagode, o sertanejo e o axé nos primeiros anos de 1990. Versão mais pop e adocicada das tradicionais rodas de samba de fundo de quintal, o pagode despontou nas paradas já em 1986, a bordo da euforia do Plano Cruzado, mas foi reinar absoluto a partir de 1990, com temas cada vez mais românticos e o estouro de bandas como Raça Negra, Só Pra Contrariar, Negritude

Jr. e Exaltasamba. Impulsionada por um eleitorado mais conservador e residente no interior do país, que consagrou duplas como Zezé di Camargo & Luciano, Chitãozinho & Xororó e Leandro & Leonardo, a música sertaneja foi a trilha sonora da República de Alagoas, em 1990, a partir da eleição de Fernando Collor de Mello à presidência do Brasil. O "Caçador de Marajás" renunciou ao cargo para evitar o impeachment em 1992, ano em que *O Canto da Cidade*, o segundo disco solo da ex-dançarina e vocalista da Banda Eva e da Companhia Clic, Daniela Mercury, reformatou o samba-reggae e popularizou o que foi rotulado, em 1987, pelo jornalista baiano Hagamenon Brito, como axé music – já que *Hagá* foi citado, vale o registro de que ele não se orgulha de ter batizado um movimento pelo qual não morre de amores.

Com poucas perspectivas, uma nova safra de roqueiros brasileiros que resolveram cantar em inglês era tão numerosa no princípio dos anos de 1990 que eu cheguei a escrever uma matéria no jornal *Zero Hora* com o título "The book is on the table" – vale lembrar que muitos deles miravam no sucesso mundial do Sepultura, banda de um nível muito superior ao da grande maioria dos conterrâneos. Desde 1992 havia uma movimentação interessante no underground, mas seus resultados efetivos só começariam a surgir em 1994, para se consolidarem em 1996. No caso de uma banda consagrada na década anterior como o Nenhum de Nós, a solução para enfrentar a instabilidade era buscar algo novo que priorizasse as questões artísticas sem ignorar as expectativas comerciais que as gravadoras demandam de um artista com um potencial de mercado comprovado.

Depois de uma boa estreia pelo selo Plug, de um segundo disco que alcançou um desempenho comercial espetacular, ao ponto de garantir a renovação de contrato para mais três com a gravadora RCA/Ariola (renomeada BMG/Ariola em 1987), e de um terceiro trabalho com um desempenho apenas razoável, o quarto álbum do Nenhum de Nós vendeu pouco, apesar do relativo sucesso de "Ao Meu Redor" e "Jornais", seguindo a tendência geral do mercado fonográfico, que encolheu 44% entre 1989 e 1991. Para piorar o cenário, as manchetes cada vez mais assustadoras no campo econômico, decorrentes das aventuras do comandante Collor, também refletiam no mercado de shows, e a agenda da banda gaúcha começou a ter mais espaços em branco do que jardins na Casa da Dinda, a mansão que o presidente escolheu para morar, em Brasília. O fim da relação com a BMG, que preferiu não lançar o quinto disco, abriu caminho para um acordo com a PolyGram, mas a desaprovação do material apresentado pela banda, em 1993, gerou um novo rompimento e uma pendenga judicial entre a gravadora e o Nenhum de Nós.

Preocupados com os números descendentes e sem gravadora, os integrantes do Nenhum de Nós resolveram adotar novas diretrizes para o ano de 1994. Antes de qualquer coisa, era necessário retomar a alegria de tocar, sem responsabilidade comercial. O primeiro movimento para sair da rotina e aproveitar que não havia um projeto discográfico agendado foi uma temporada de isolamento para ensaios sem compromisso na casa de praia da família de Carlão, em Capão Novo. Eles reservavam as manhãs para o mar, montavam a bateria depois do almoço, na sala de estar, e passavam as tardes fazendo *jam sessions* e trabalhando em novas ideias, como os rearranjos para as músicas antigas e as releituras de sons de outros artistas. A noite era de *pit stop* para churrasco e cerveja. O conceito também era de redução, como se a banda pudesse voltar no tempo, e o que fosse necessário para subir ao palco coubesse no porta-malas da Esplanada de Sady.

Antônio Meira, o Tonho, empresário do Nenhum de Nós (e responsável direto, entre muitas outras tarefas, pelo implacável e organizado arquivo com os dados da banda), também entrou 1994 disposto a fazer diferente. Tinha recém voltado a Porto Alegre, depois de morar dois anos no Rio de Janeiro, onde montou uma filial de sua produtora, a Lado Inverso, para estar mais perto das gravadoras e dos acontecimentos que definiam os rumos do *showbiz*, com uma ideia na

bagagem: produzir uma temporada de shows acústicos nas quartas-
-feiras de janeiro do suntuoso Theatro São Pedro.

Localizado em frente ao Palácio Piratini e à Praça da Matriz, no
Centro Histórico de Porto Alegre, o São Pedro tinha uma programação dedicada a peças de teatro e concertos de música erudita, com
algumas exceções para artistas de MPB. Para tocar lá era necessário
respeitar um limite de decibéis, e por isso a concepção de eventos
acústicos se impôs. Tonho montou uma *wishlist* que começava com o
guitarrista do Ira!, Edgar Scandurra, com quem tinha trabalhado nos
shows do disco solo *Amigos Invisíveis*, e incluía o Nenhum de Nós,
mas apenas uma apresentação vingou, com um dos artistas mais importantes da MPB à gaúcha (a MPG), Nei Lisboa.

O empresário considerou de imediato a possibilidade de o Nenhum de Nós trabalhar algo desplugado, sobretudo porque as músicas da banda eram compostas a partir do violão, e revisitá-las nesse formato soaria oportuno e natural, mas no primeiro momento não
convenceu o quarteto, nem quis insistir com a ideia. Em março, porém,
eles chegaram a um consenso de que o registro de um álbum acústico
e ao vivo seria uma excelente alternativa artística e comercial, ao pro-
piciar novos caminhos estéticos com um repertório que já carregaria
grandes sucessos – e para que o show ocorresse, foi fundamental a
ligação de Renata Sopher (filha de Eva Sopher, diretora do teatro),
então namorada de um primo de Sady, abrindo a possibilidade de a
banda assumir uma data que havia sido declinada pela produção da
atriz Lídia Brondi.

Definido o projeto, os integrantes do Nenhum de Nós foram buscar inspiração no show acústico que viram na MTV, em 1991, de uma
de suas bandas prediletas, o R.E.M. – para quem tocaram na abertura do show de Porto Alegre, no estádio do Zequinha, em seis de novembro de 2008. Pela primeira vez, o experiente Reinaldo Barriga de
Brito, parceiro nos quatro primeiros álbuns, entre tapas e beijos, não
estava escalado, e a própria banda assumiu a produção artística do

espetáculo. Com um deadline pela frente, o quarteto se fixou em definir o repertório, prioritariamente revisionista, identificar o potencial de cada música e trabalhar em novos arranjos. Além dos clássicos, duas canções inéditas foram confirmadas: "Paraíso" e "Diga a Ela".

A outra dupla de novidades eram as releituras para uma música do roqueiro argentino Fito Paez baseada em um conto de Charles Bukowski, chamada "Polaroid de Locura Ordinaria", que na versão em português ganhou o título de "Polaroid", e para um clássico do grupo gaúcho setentista Almôndegas, berço da dupla Kleiton e Kledir, chamado "Canção da Meia-Noite", nacionalmente conhecido por integrar a trilha da novela Saramandaia – e que acabou se tornando a segunda faixa do disco a tocar nas rádios. Para essa canção, o violinista Hique Gomez, o Kraunus Sang do prestigiado espetáculo Tangos e Tragédias, foi convidado. Já que estava gravitando pelos ensaios, Hique acabou participando também dos novos arranjos de "Ao Meu Redor" e "O Astronauta de Mármore".

O Nenhum de Nós teve pouco mais de um mês para afinar seu show em todos os aspectos, com um agravante: tudo seria feito em um único dia, numa única tomada, sem margem de erro. Registros ao vivo são invariavelmente mais complicados, e os recursos disponíveis para a captação e pós-produção de um disco em Porto Alegre em 1994 eram escassos. A gravação seria obtida em um incipiente processo digital, em uma mesa com apenas 16 canais, montada no camarim, sem metrônomo, nem fones de ouvido, muito menos violões plugados ou qualquer outro recurso comum de registros similares no século 21.

Outra questão a ser considerada era a necessidade que o Theatro São Pedro impunha da criação de um cenário para o espetáculo – que também seria registrado em vídeo. Pela primeira vez o grupo convocou um profissional do ramo, o ator, diretor e cenógrafo Zé Adão Barbosa, com quem se reuniu para deliberar sobre o tema. A sonoridade de meios-tons do acústico inspirou Zé Adão a levar o "outono

Sady e Thedy com Fito Paez durante as gravações das versões de "Camila, Camila" e "Eu Caminhava" em espanhol, em Buenos Aires (Estúdios Panda), em 1989
Foto: Acervo NDN

de Porto Alegre para dentro do teatro", e ele concebeu lustres de material rústico e um tapete de folhas secas de plátano, recolhidas nos parques da cidade – e recheadas de formigas, para desespero dos administradores do lugar. A fim de completar o clima outonal, o cenógrafo tirou as cortinas do fundo do palco e as antigas janelas do São Pedro ficaram à mostra, possibilitando pequenos *inserts* noturnos da cidade no cenário.

Muitos ensaios depois, o Nenhum de Nós subiu ao palco numa noite de quarta-feira, dia 30 de março de 1994, como um sexteto: Thedy, Carlão, Sady, Veco, João Vicenti e Nico Bueno. Hique Gomez entrou mais tarde em cena e participou de três músicas, com seu violino "sborniano". A plateia, os camarotes e a galeria estavam lotados de fãs entusiasmados com a proposta. Foi por isso que o silêncio no princípio da execução da canção de abertura, "Sobre o Tempo", assustou a banda. Na medida em que o show se desenvolvia e as novas sonoridades se encaixavam, porém, a aparente frieza se revelou como devoção, e a noite se tornou de celebração – com trilha sonora folk em arranjos bastante radicais em comparação com os sons originais.

A boa receptividade deixou os promotores do próprio show aliviados, mas a tensão do projeto demoraria muito para se dissipar. A banda tinha apostado todas as fichas nele e, desde o primeiro acorde do primeiro ensaio até o último riff do fim do bis, cada integrante sabia que o mau resultado do acústico poderia ter consequências nefastas para o futuro. Da porta do São Pedro para fora haveria um outro começo, que estava nas mãos do técnico de gravação Renato Alsher (na época operador de som do Nenhum de Nós), mais um nome que vem acompanhado do adjetivo *indispensável* neste capítulo. Embora houvesse muito pouco a reparar na mixagem (incríveis dois erros de execução apenas, e nenhum reparo nos vocais), Alsher fez um trabalho meticuloso no estúdio fundado por seu pai, Egon Alsher, o EGER, rebatizado para Tec Audio. Apesar de o som dos violões, essenciais em projetos acústicos, ter sido captado com os microfones em cima do palco, que acabaram registrando também os demais ruídos – da bateria até as palmas fora de tempo dos fãs, tudo no mesmo canal – o técnico optou por não mascarar o resultado, e manteve inclusive algumas microfonias eventuais para conseguir um excelente produto final: "Eles tinham ensaiado bastante e ficou bem bacana a gravação, por isso decidimos não regravar nada." Apesar dele, nem tudo estava resolvido. Faltava alguém disposto a lançar o disco no mercado, e naquela corrida de obstáculos, foi a vez de Alsher passar o bastão para Tonho Meira.

Missão recebida, o empresário do Nenhum de Nós inicialmente concebeu, juntamente com a banda, um projeto gráfico que incluía uma capa com fotos do teatro vazio, antes do show, e lotado de fãs horas mais tarde. Com o material ainda com cheiro de tinta fresca nas mãos, ele começou os contatos informais para prospectar um comprador, dando preferência lógica para uma das "Cinco Irmãs", como eram chamadas as grandes gravadoras – Warner Music, BMG/Ariola, EMI/Odeon, Sony Music e PolyGram –, mas não descartando algum selo alternativo. Por conta da boa relação com o mercado e de o disco já conter um bocado de clássicos, ele acreditava que não seria tão difícil vendê-lo – menos para a BMG, por questões óbvias, mas até mesmo para a PolyGram, que havia refutado a demotape do ano anterior.

Enquanto isso, Thedy recebeu uma ligação de um executivo da PolyGram, que disponibilizou uma passagem para que ele mesmo fosse ao Rio de Janeiro "falar sobre o contrato que tinha sido rescindido". No escritório da gravadora o vocalista encontrou a advogada Ana Fonseca, o diretor de marketing Marcelo Castello Branco e o presidente Marcos Maynard, que "me recebeu com pedras na mão".

– Se você me chamou aqui pra dar esporro, eu vou embora, foi a gravadora quem rejeitou nossa demotape!

Depois de uma discussão entre ambos, contornada por Castello Branco, a turma de executivos parou para ouvir a fita DAT com a apresentação ao vivo e desplugada que Thedy tinha levado, gostou do material e acertou sua compra, pagando apenas as despesas, irrisórias para o padrão da multinacional, que tinha no seu *casting* artistas top como a Rainha do axé, Daniela Mercury.

Tonho Meira dá detalhes: "Não foi um negócio que deixou recordações saudáveis, mas não dava pra arriscar muito, porque naquele momento precisávamos de uma gravadora para prensar uma quantidade de discos e garantir o processo industrial, que na época tinha um custo assustador, então resolvemos apostar na relação. A prova de que não foi bom é que por duas vezes, nos anos seguintes, acertamos uma reprensagem de mil cópias cada, para manter o álbum em catálogo, e tivemos que pagar por estes discos, pois pelo contrato não era responsabilidade da PolyGram".

Com mais uma etapa vencida, tendo a gravadora "assumido todo o processo do disco", como relata Thedy, "inclusive escolhendo a capa, diferente da que queríamos", o vocalista recebeu um telefonema indignado de Anna Butler, diretora de A&R (relações artísticas) da MTV brasileira, reclamando com veemência pelo fato de o Nenhum de Nós estar lançando um álbum com o termo "acústico" no título – o projeto se chamava *Nenhum de Nós Acústico*. Ela alegava que a palavra era uma marca registrada da emissora musical, que desde 1991 veiculava um programa com o título *Acústico MTV*, recém tinha colocado no mercado o CD *Gilberto Gil Unplugged* e estava programando o lançamento em CD de outras sessões desplugadas de artistas nacionais, replicando o negócio da matriz norte-americana.

De novo, coube a Thedy argumentar, sem maiores delongas:

– Fala com o Maynard, a banda não tem nada a ver com isso.

As discussões continuaram por um tempo, o título foi alterado para *Nenhum de Nós Acústico Ao Vivo no Theatro São Pedro*, e o videoclipe da música de trabalho acabou entrando na programação da MTV. Sem remorsos, portanto. Por essas idiossincrasias que giram em torno do mundo do disco, a PolyGram escolheu exatamente uma faixa que estava na demo que seus executivos tinham rejeitado para trabalhar nas rádios, "Diga a Ela", cujo clipe foi (evidentemente) retirado da gravação do show, dirigida por Edson Erdmann. Já o conceito da capa, originalmente com fotos de Marcelo Ruschel, que valorizavam o Theatro São Pedro, foi vetado pelo artista plástico Geraldo Alves Pinto, diretor de arte da gravadora, com o argumento de que aquela casa de shows "podia significar muito para os gaúchos, mas não tinha o alcance nacional necessário". O plano B, que valorizou as folhas do palco, acabou sendo desenvolvido pela agência gaúcha Dez Propaganda.

Enquanto banda, executivos, empresários e diretores de arte discutiam, a PolyGram tinha enviado a Porto Alegre o assistente de Max Pierre, José Celso Guida, para avaliar o material sonoro no local em que foi gravado. Ele ficou assustado com o que encontrou. Renato Alsher tinha mixado as fitas em uma mesa de som montada pelo seu pai. Acostumado com os estúdios de Rio e São Paulo, Guida considerou tão precária a EGER que se pôs a gargalhar nervosamente quando viu a mesa literalmente "feita em casa", além de dar soquinhos nas paredes do estúdio – dava a impressão de achar que eram ocas. A fita foi levada para ser refeita em um estúdio de ponta, em São Paulo, mas depois de cinco dias de trabalho o diretor artístico da gravadora, Max Pierre, disse ao técnico paulista que ele não tinha conseguido fazer nada diferente com aquela Ferrari do que havia sido feito com um Fusca. A solução foi trocar de estúdio de ponta. No Mosh, também de São Paulo, o trabalho ganhou a versão definitiva, produzida por Luís Carlos Maluly, que acompanhou de perto as mixagens, e acabou bem próxima das fitas originais, pelas mãos do técnico Luís Paulo Serafim.

No final das contas, o negócio foi excelente. Para a gravadora. O álbum vendeu mais de 100 mil cópias e rendeu um Disco de Ouro, certificação concedida pela indústria fonográfica de acordo com o número de vendas de discos. O DVD, que estava na pauta, nunca foi lançado, e foi outro motivo de desgaste entre banda e gravadora. Um registro importante é que os direitos das imagens eram da RBS, mas um executivo da empresa mandou apagar as fitas brutas para reutilização. Elas só não foram extintas porque o diretor do acústico, Edson Erdmann, as guardou, em segredo – e repôs do próprio bolso as fitas.

Apesar do sucesso de vendas, o Nenhum de Nós teve que amargar alguns dos piores momentos de sua trajetória quando saiu em turnê com as versões desplugadas. Além da necessidade de teatros e auditórios fechados para os shows ter se revelado muito limitadora, as plateias reclamavam recorrentemente da falta de guitarras nas músicas, o que, de certa forma, era compreensível. *Nenhum de Nós Acústico Ao Vivo no Theatro São Pedro* foi o primeiro de um grupo de rock lançado nesse formato no Brasil. Em 1991, o Barão Vermelho inaugurou o programa *Acústico MTV*, que foi gravado em estúdio e veiculado na programação da emissora musical, mas não rendeu disco; em 1992 foi ao ar o acústico da Legião Urbana, gravado em estúdio, mas seu CD só foi lançado em 1999.

Aliado à falta dos elementos roqueiros convencionais, *Nenhum de Nós Acústico Ao Vivo no Theatro São Pedro* vinha com um excesso de sonoridades regionais, que além da música do interior do Rio Grande do Sul remetia a ritmos como o folk celta e a artistas como The Pogues, muito estranhos para o público médio brasileiro, que se pautava pelas rádios top 40 e esperava escutar "Camila, Camila" ou "O Astronauta de Mármore" exatamente como tinha visto no *Globo de Ouro*, a versão brasileira para o *Top of Pops* britânico. Com dois grandes sucessos ininterruptos no topo das paradas, o Nenhum de Nós atraía um público muito variado e não necessariamente interessado em inovações estéticas.

O futuro mostrou que não havia nada fora do lugar no projeto ou no som, tanto que o rock com misturas regionais e os discos acústicos foram as cenas dos próximos capítulos dos anos de 1990 – com bandas novas como Skank, Chico Science & Nação Zumbi e Raimundos temperando seu som universal com acepipes locais, e os oitentistas relendo os clássicos e fazendo sucesso: o *Acústico MTV Titãs*, de 1997, vendeu 1 milhão e 700 mil cópias; o *Acústico MTV Legião Urbana* vendeu mais de 1 milhão de cópias; o Capital Inicial ressurgiu do limbo com seu álbum desplugado, em 2000.

Entre 1994 e 1995, outras apresentações para audiências quase tão pequenas quanto a do show para 15 pagantes em Poços de Caldas estabeleceram uma dura realidade para o Nenhum de Nós. Mas se a manutenção das atividades dependia do sucesso do projeto, a permanência em cena e a volta por cima, que se iniciou a partir do álbum seguinte, *Mundo Diablo*, mesmo depois de as coisas não terem funcionado como o planejado, mostrou que a experiência desplugada pelo menos serviu para devolver ao grupo a confiança de tentar seguir em frente, e a constatação de que era possível produzir com independência e sem as amarras de uma gravadora, e a continuar escrevendo, com ou sem o plugue na tomada, uma longa história sem fim.

O clima do outono inspirou a gravação do álbum *Nenhum de Nós Acústico Ao Vivo no Theatro São Pedro*. Foto: Marcelo Ruschel

2.
JORNADA NAS ESTRELAS

O diretor norte-americano Wes Anderson ouviu Seu Jorge cantando uma música diferente no set do filme *A Vida Marinha Com Steve Zissou* (quem sabe a própria canção em questão neste capítulo) e encontrou a "graça estranha" que buscava imprimir em seu personagem, que atendia pelo ultrafolclorizado nome de Pelé dos Santos. No final de uma negociação que envolveu muitas partes, o músico e ator brasileiro ganhou o direito de gravar versões em português para canções do inglês David Bowie. Treze estão em seu terceiro disco, *The Life Aquatic With Steve Zissou*, das quais cinco foram incluídas na trilha sonora original do filme. O próprio Bowie escutou e gostou.

– Se Seu Jorge não tivesse gravado minhas canções acusticamente em português, eu nunca teria ouvido esse novo grau de beleza que ele conseguiu adicionar a elas.

Tudo muito bonito, exceto o fato de a letra em português para "Starman" ter sido escrita por Thedy Corrêa, Carlos Stein e Sady Homrich muitos anos antes, com o nome de "O Astronauta de Mármore". Nem na trilha do filme (lançada em dezembro de 2004), tampouco no disco solo de Seu Jorge (lançado em novembro de 2005), os autores ganharam os devidos créditos. A banda tomou conhecimento de que ele tinha gravado uma versão com as mesmas palavras numa reportagem publicada na *Folha de S. Paulo*, em 20 de abril de 2004, assinada por Pedro Alexandre Sanches, que teve acesso exclusivo às faixas antes de elas serem confirmadas na trilha, e as analisou em um box com o título "David Bowie vira black power em português". Meses mais tarde, o Nenhum de Nós ouviu a versão em uma rádio de Santa Catarina e gostou do resultado, sem se preocupar em checar seus direitos, até o dia em que um repórter do jornal *Extra*, do Rio, ligou para Thedy.

– Estou fazendo uma reportagem sobre Seu Jorge. Tem uma dupla de Brasília que está processando ele *(que teria se apropriado de seis músicas escritas por Rodrigo Freitas e Ricardo Garcia, inclusive os hits "Tive Razão" e "Carolina")*. Vocês sabem que ele não deu crédito para a música de vocês também? No disco diz que todas as versões de Bowie são dele.

O vocalista e baixista não sabia de nenhum disco lançado, argumentou que deveria haver algum engano, resolveu não ir além com a entrevista e ficou de conferir a denúncia, preservando o direito de defesa de Seu Jorge, mas não precisou ir atrás dele. Passada meia hora da ligação do repórter, portanto antes de conseguir elaborar qualquer movimento em torno do tema, ele recebeu outro telefonema, diretamente de um hotel de Paris.

– *Dídi*, tô te ligando porque tem uns caras aí querendo levantar coisas contra mim, gente invejosa querendo acabar com minha carreira.

Thedy (*Dídi*, na versão de Seu Jorge) pediu explicações sobre a letra de "Starman", e ouviu que David Bowie não permitia que pagassem direito autoral sobre as músicas dele, mesmo as gravadas em português; Thedy perguntou de onde Seu Jorge tirou essa informação, e o cantor disse que foi com "o pessoal da gravadora", e que ganhou apenas mil dólares por cada versão, e que lhe repassaria esse valor; Thedy não aceitou:

– Eu quero apenas que corrija, só preciso que saia no disco os créditos para o Nenhum de Nós, aí tu recolhe os direitos autorais das tuas músicas e eu recolho os da nossa música.

Seu Jorge agradeceu e prometeu consertar o erro. Sua mulher, Mariana, pegou o telefone.

– Se você quiser os mil dólares a gente paga...

Antes de ela seguir adiante, Thedy interrompeu, argumentou que eles estavam mal-informados, se propôs a orientá-los sobre a edição de músicas do Bowie, combinou que no mês seguinte, quando haveria um show de Seu Jorge em Porto Alegre, eles se encontrariam, e renovou o pedido para a sua banda receber os devidos créditos. Nada além disso.

O músico carioca nunca mais entrou em contato. Na segunda prensagem do disco repetiu-se o crédito "todas as versões foram escritas por Seu Jorge", mas houve um acréscimo, insuficiente, nos agradecimentos: "Thanks to Nenhum de Nós". Mesmo perplexa com a situação, a banda nada fez até ser contatada pelo mesmo escritório de advocacia que estava processando Seu Jorge por conta dos supostos plágios da dupla de Brasília. De posse das informações, o Nenhum de Nós optou por requisitar tão somente seus direitos autorais, mas não apenas perdeu o processo em todas as instâncias jurídicas como teve que arcar com as despesas dos advogados de Seu Jorge – no veredito, o juiz declarou que não havia problema se não houvesse o crédito, abrindo um perigoso precedente para a música brasileira.

A derrota judicial foi o fim de mais um ciclo no escuro deserto do céu de "O Astronauta de Mármore", a música que era tocada na língua original para completar o repertório dos shows e que o produtor Reinaldo Barriga pediu que ganhasse uma versão em português, o sucesso que o Nenhum de Nós nunca pensou em gravar e do qual Thedy nem considera bom o próprio vocal, a releitura que as rádios adoraram, os fãs da banda gaúcha têm orgulho, mas muitos fãs de Bowie (e boa parte da crítica inclusa) tratam como uma conspurcação.

"Starman" foi gravada por David Bowie em 1972 e se transformou no primeiro sucesso do emblemático álbum *The Rise and Fall of Ziggy Stardust and the Spiders from Mars*. Sua versão em português foi executada maciçamente nas rádios AM e FM de todo o país em 1989, frequentou durante dez semanas seguidas o *Globo de Ouro* e contribuiu decisivamente para que o segundo álbum do Nenhum de Nós, *Cardume*, chegasse às 210 mil cópias vendidas, rendendo o primeiro Disco de Ouro à banda.

Ainda no estágio em que apenas as bases das músicas de *Cardume* tinham sido registradas, em uma tarde especialmente tensa por conta de uma discussão entre banda e produtor, Barriga saiu de cena bruscamente, batendo a porta do estúdio. Descontente com o repertório do novo trabalho, ele insinuava que era preciso mexer na estética do Nenhum de Nós, algo inadmissível para Thedy, Carlão e Sady. Para se recuperar do estresse, que se acumulava, o trio aproveitou a (rara) disponibilidade do técnico de som Valtinho e gravou algumas releituras que costumava tocar em shows, pois ainda não tinha um repertório próprio suficiente para segurar a duração recomendável de apresentações ao vivo. Por motivos óbvios, as canções pertenciam aos seus artistas prediletos, como o Talking Heads, de quem o Nenhum de Nós tocava "Psycho Killer", e David Bowie, de quem testou "China Girl", "Ashes to Ashes", "Lady Stardust", "Life on Mars" e "Rebel Rebel", mas se decidiu por "Starman", por conta de sua carga dramática.

Embora adorasse a canção, o Nenhum de Nós nunca tinha cogitado gravar a música de Bowie em disco, inclusive porque sua execução nos shows não causava grande reação nos fãs. A roda girou quando o produtor retornou ao estúdio justamente quando "Starman" estava sendo registrada, na versão original, apenas com violão, bateria e voz, com Thedy na sala da técnica, Carlão isolado em uma sala menor e Sady na sala maior:

– Era essa a música que faltava! – cravou Barriga.

Avessos à ideia de registrar *covers*, os integrantes do Nenhum de Nós "foram convencidos na base do argumento", recorda Thedy. "O Barriga de fato gostou do que ouviu, o clima ficou bom no estúdio". Mais do que deixar evidente para a banda que contava com aquela versão no repertório final do disco, ele pediu uma letra em português para completar o pacote. Barriga adorava a canção de Bowie, que integrava o repertório roqueiro do conjunto de baile em que tocava nos anos de 1970.

Convencido do dever de casa, o trio recorreu a uma releitura de um dos mais brilhantes artistas gaúchos, Vitor Ramil, para usar como referência. Ele tinha transformado "Joey", de Bob Dylan, em "Joquim", que foi lançada no álbum *Tango*, de 1987, e consagrada como um verdadeiro hino de seus shows. Joquim, "o louco do chapéu azul", era o apelido do pelotense Joaquim Fonseca, que elaborou um projeto de avião em 1937, mas morreu tentando patenteá-lo – "meu pai era fanático por aviões e conheceu o Joquim, que sempre estava com uma espécie de chapéu azul", conta Sady. "Ele era avô do Alexandre Fonseca, do Cheiro de Vida, que por sinal emprestou uma bateria para a gravação da nossa primeira demo."

Encorajados pela lembrança, Thedy, Carlão e Sady recorreram a muitas conversas e referências culturais para encontrar o seu "homem das estrelas". Antes de tudo veio à tona um personagem importante e recorrente de Bowie, o astronauta *junkie* Major Tom, de "Space Oddity" e "Ashes to Ashes" (e que nos anos de 1990 retornou em "Hallo Spaceboy"). A partir da figura de um astronauta, surgiu a ideia de incluir elementos do livro *O Fogo Sagrado*, escrito por Michael Collins, o único dos três tripulantes da missão Apollo 11 que não pisou na superfície da Lua, em 1969. A obra seduziu a banda pelos seus relatos da experiência de solidão na nave que orbitava o satélite, sobretudo enquanto atravessava o espaço encoberto pelo lado escuro da Lua, quando sua comunicação com a Terra ficava suspensa – "A lua o lado escuro / É sempre igual / No espaço a solidão / É tão normal."

E assim "O Astronauta de Mármore" foi se formatando com diversas citações, na letra, com recortes de versos de outras canções de Bowie ("Quero um machado para quebrar o gelo" vem diretamente de "Ashes to Ashes"), e no arranjo, com a base de violão característica do clima folk de "The Man Who Sold the World" e "Hunky Dory". Os versos finais foram concluídos pelo telefone: Carlão e Sady já estavam em Porto Alegre quando receberam uma ligação de Thedy, que ficou em São Paulo para acompanhar as mixagens, com uma consulta a respeito de uma frase que faltava.

Barriga aprovou imediatamente a letra. Ou melhor, quase toda a letra.

– O refrão transformou *starman* em 'estar lá', e na minha cabe-ça esse fonema não soava legal. Perguntei se não dava para mudar e ouvi que não, com o argumento de que eles haviam feito o que eu tinha pedido e queriam deixar daquele jeito mesmo. Tive que aceitar.

Pouco antes da mixagem final, ele fez uma nova sugestão:

– Acho que ainda está faltando algo aqui. Que tal chamarmos um violinista?

Alejandro Ramirez, um músico da orquestra do estúdio, to-cou violino, seguindo um arranjo que remete a "Hurricane", de Bob Dylan, e garantiu a versão final para a canção. As bases de guitarra de "O Astronauta de Mármore" foram gravadas por Giuseppe Frippi, ex-integrante das bandas de culto paulistanas Voluntários da Pá-tria, Akira S & as Garotas que Erraram, Alvos Móveis e CO2. Com o disco finalizado, veio a longa espera pela aprovação da letra pela editora inglesa de Bowie, que solicitou uma versão escrita em por-tuguês para liberar o fonograma. Depois que ela veio, na primeira viagem de Thedy a Londres, ele e seu velho amigo Marcos Lobão, parceiro de primeira viagem da banda, e que então morava na capital da Inglaterra, foram até a editora britânica, em Charing Cross, levar presentes à funcionária que tratou daquela demanda. Lobão lembra que "ela confirmou que o próprio Bowie havia feito a liberação".

O lançamento do novo álbum atrasou por conta da burocracia, mas o clima de tensão foi amenizado com o estouro nacional (tar-dio) da música "Camila, Camila". Quando Bowie autorizou a versão e *Cardume* pôde ser lançado, "O Astronauta de Mármore" entrou para a história como a música mais tocada no país em 1989.

Um ano depois, David Bowie subiu ao palco da casa de espetácu-los Olympia, em São Paulo, abriu o show com "Life on Mars", emen-dou "Space Oddity" e, apenas depois da segunda música, dirigiu-se a plateia *(como relatou em seu blog o jornalista Emilio Pacheco)*. Disse "feliz estar aqui", em português e, de volta ao vetusto sotaque britâ-nico, agradeceu os presentes que tinha ganhado dos brasileiros. An-tes dos primeiros acordes de "Starman", ele anunciou:

– Esta é uma música que vocês conhecem em português.

3.
PICARDIAS ESTUDANTIS

Depois de muitas tentativas em vão, eles resolveram definir critérios: o nome da banda não poderia remeter a qualquer estilo ou formato musical; o nome da banda não poderia ser muito denso, ou sério, ou engraçado – piadas, mesmo as boas, costumam ter vida curta; o nome da banda deveria deixar as pessoas curiosas, propor algo que as fizesse querer saber mais a respeito de sua música.

Mesmo assim, foi necessário alguém propor uma questão de ordem para que se encontrasse o objeto de desejo daquele instante, um nome para batizar uma banda que já tinha algumas canções próprias, prontas para serem compartilhadas com uma plateia: o que Thedy Rodrigues Corrêa Filho, Carlos Eduardo Filippon Stein e Sady Homrich Júnior tinham em comum?

– Nenhum de nós enxerga bem – alguém disse. De fato, todos eram míopes.

– Nenhum de nós serviu no quartel – disse outro.

– Nenhum de nós repetiu a escola – e assim por diante.

Sady chegou perto de um consenso quando sugeriu algo como "nenhum de nós sentou praça", ou "nenhum de nós sentou caserna", mas ninguém lembrava exatamente qual era a frase, e se puseram a repeti-la até que o "nenhum de nós" isolado chamou a atenção suficiente para ser escolhido como o nome de guerra para uma banda de rock brasileira em 1986, tempo em que os grupos ascendentes do estilo atendiam como Os Paralamas do Sucesso, Titãs-do-iê-iê-iê, Kid Abelha & os Abóboras Selvagens, Sempre Livre, Lobão e os Ronaldos, Barão Vermelho, Ultraje a Rigor.

Adotar a identidade Nenhum de Nós foi uma das últimas providências do trio, que já ensaiava há tempos, prioridade máxima somente a partir do momento em que finalmente havia um show marcado, e eles haveriam de ter uma assinatura em comum, bem diferente de quando eram, simplesmente, o Thedy, o Carlão e o Sady, amigos de escola do Colégio Nossa Senhora das Dores, na Rua Riachuelo, Centro de Porto Alegre, capital do Rio Grande do Sul.

Na timeline da vida pré-Nenhum, tudo começou como um duo: os porto-alegrenses Carlos Stein (14/03/1963) e Sady Homrich (18/04/1964) eram colegas desde o primeiro ano do primário. Bem diferentes um do outro, ficaram muito amigos. Carlão, aumentativo concedido pelo Professor Maneca, de Ed. Física, que lhe achava parecido com o personagem de Francisco Cuoco na novela *Pecado Capital*, era tímido e tomado pelas angústias típicas da pré-adolescência. Sady, O Gordo, era o rechonchudo mais simpático da escola, imune ao bullying, sempre sorridente e cheio de compromissos sociais. Thedy Corrêa, também nascido em Porto Alegre (26/07/1963), estudou no Colégio Estadual Paula Soares até a quarta série, antes de provar que, se dois era bom, três podia ser melhor. Logo que chegou no Colégio das Dores ele assumiu uma liderança com naturalidade (já na quinta série foi líder social e depois de aula), característica que se revelou fundamental para a futura banda alcançar as três décadas de vida.

A música esteve em pauta desde cedo, em todos os formatos possíveis – sobretudo bolachões de vinil e fitas cassete. Quando os garotos passaram a integrar o Grêmio Estudantil, a partir do momento em que a chapa de Thedy ganhou as eleições e ele se tornou presidente da entidade, tiveram acesso à pequena sala com o equipamento de rádio da escola, e os recreios passaram a ter trilha sonora. Com um toca-discos e um microfone, cujo som era reproduzido nos alto-falantes do pátio interno, eles introduziram no cotidiano dos colegas um repertório musical qualificado, de Deep Purple a Milton Nascimento, de Led Zeppelin a Caetano Veloso, de Jethro Tull a Chico Buarque. Falando nele, durante a Semana da Pátria de 1978, na data em que a atividade diária era de responsabilidade do Grêmio Estudantil, a letra de "Roda Viva" foi datilografada e distribuída para todos os alunos, a fim de que pudessem acompanhar a interpretação vocal de uma dupla de garotas, acompanhadas por Thedy ao violão. Um professor, que era militar, achou que se tratava de um escândalo pintado com as tintas vermelhas da subversão, e sugeriu a expulsão dos envolvidos. Para sorte dos estudantes, o bom senso prevaleceu e os líderes da escola, de orientação lassalista, não se incomodaram em ouvir versos como "Roda mundo, roda-gigante / Roda-moinho, roda pião / O tempo rodou num instante / Nas voltas do meu coração."

Às voltas com um saudável ambiente familiar, Thedy era um típico guri de apartamento, que morava em um pequeno prédio na Rua João Manoel, centro da capital gaúcha, pertencente à Igreja Anglicana. Os poucos vizinhos de sua idade eram os comportados filhos dos reverendos, com quem ele organizava peças de teatro no salão de festas e jogava botão. A televisão e os personagens dos desenhos animados da dupla Hanna-Barbera e dos seriados de aventura, como *Batman*, *Perdidos no Espaço*, *Terra de Gigantes* e *Túnel do Tempo* eram a melhor companhia. Além disso, com o anseio de se tornar um desenhista, Thedy comprava gibis de histórias em quadrinhos e as reproduzia – e nelas, novamente o Homem-Morcego entra na pauta de suas predileções.

Entre seus passeios prediletos estavam as idas ao Jockey Club e ao estádio da Montanha, lar do Cruzeiro, clube de futebol com o qual seu pai simpatizava, e a uma casa de familiares de sua mãe, Lezith, na zona sul da cidade. Lá todos eles, sobretudo o tio Eurico, eram torcedores fanáticos do Internacional, o que acabou influenciando no coloradismo de Thedy – os demais integrantes do Nenhum de Nós também são torcedores do clube alvirrubro gaúcho. Dentro de casa, o estilo musical predileto no lar dos Rodrigues Corrêa era o tango. O Thedy pai, que aos 16 anos trabalhou como *disc jockey* da tradicional Rádio Guaíba, de Porto Alegre, e na vida adulta se tornou funcionário federal da SUNAB, nasceu em Santa Vitória do Palmar, cidade próxima a Chuí, que faz divisa com Paso de los Libres, na Argentina, de onde costumava trazer muitos vinis do gênero nas viagens à fronteira. De posse de alguns deles, em um dia específico da semana ele criava um clima propício na sala, com direito a meia-luz, e convidava a mulher e os filhos (Thedy e as duas irmãs) para a audição das músicas de ícones portenhos como Juan D'Arienzo, Aníbal Troilo, Julio Sosa e outros clássicos do tango, na pequena vitrola da família.

Thedy filho também herdou um forte componente musical do avô materno, o tropeiro Camilo, que além de ser o cozinheiro da trupe, tocava gaita – como se diz no Sul, acordeão ou sanfona nos demais estados do Brasil. A influência musical foi importante para a sua abnegação. Ele se dedicou durante dois anos aos estudos de violão clássico, com o professor Afrânio (que morava no prédio ao lado dos seus pais), e já na época do rock aperfeiçoou sua técnica de contrabaixo em aulas com Ciro Trindade, do Raiz de Pedra.

O interesse de Carlão pela música começou como quase todo mundo de sua geração, e de muitas outras, com um disco dos Beatles, *A Hard Day's Night*, lançado em 1964 e rebatizado *Os Reis do Iê iê iê* no Brasil. Influenciado pelo irmão mais velho, Bartholomeu, ele começou a tocar violão desde cedo, com nove anos. A febre pelos bons sons se tornou crônica nos tempos do Colégio das Dores, quando ele e sua turma se dedicavam diariamente a trocar discos, gravar fitas cassetes e fazer escambos de toda ordem em nome de conhecer tudo o que o rock oferecia. Uma lembrança viva dos in-

Uma tentativa de fotos de divulgação
Fotos:Wagner Prochnow

tervalos era de a garotada correr para as lojas de discos do Centro, como a Coelho, a King's e a Pop Som, na Galeria Chaves, e voltar para a aula carregada com sacolas plásticas recheadas de vinis.

O futuro guitarrista gostava de Kiss, Deep Purple, Led Zeppelin, Texas, mas, na medida em que crescia, os favoritos mudavam. No Científico, ele e sua turma de malucos por música descobriram o punk. Mais pela literatura, sabia que era algo selvagem e revolucionário. Quando pegou nas mãos a coletânea *Revista Pop Apresenta o Punk Rock*, com Sex Pistols, The Jam, Ramones, Ultravox e afins, a turma entendeu do que se tratava. Com a agulha riscando os sulcos de *Pure Mania*, do The Vibrators, aí a casa caiu. Aliás, Carlão era muito caseiro e seu cotidiano quase monocórdico: passava o dia inteiro ouvindo música, obsessivamente, no volume máximo, deitado no chão do seu quarto com os pés em cima do sofá-cama e uma caixa de som de cada lado do ouvido. Caixa de som, nada de fones. Era assim que seu mundo girava.

Na mesma época em que descobriu o punk, com 15 anos, ele comprou sua primeira guitarra, uma Giannini Stratosonic branca, que ligava no equipamento de som da casa. Tinha pedido dinheiro ao seu pai para adquirir o instrumento, mas levou um não e uma proposta: Remi Stein conseguiu um emprego temporário para que ele pudesse tê-la com o próprio dinheiro – ele e a mulher, Ana Marlene, incentivavam as iniciativas musicais do filho, um hobby despretensioso, desde que não atrapalhasse os estudos. Depois de um tempo, Carlão se desfez da primeira guitarra, e se arrependeu. Do rock, nunca mais desligou.

·O terceiro filho de Gilda Homrich jamais se queixou por ter que acordar cedo aos domingos, seu dia preferido na semana. Com sete anos, o "Sady filho" e o "Sady pai" pulavam da cama, faziam a barba juntos – o guri com um aparelho sem gilete, evidentemente –, tomavam café e iam assistir a concertos de música clássica. Mais do que ouvir a erudição das obras de Tchaikovsky, Liszt, Brahms ou Beetho-

ven, o gordinho de cabelos vermelhos e olhos azuis prestava atenção no universo de histórias que seu pai contava sobre os grandes
compositores. Seu Sady gostava muito de música e sempre prezou
possuir uma boa coleção de discos. Além dos eruditos, era fã de Ado-
niran Barbosa e Jararaca & Ratinho e, como bom pelotense, gostava
também das marchas de Carnaval.

Os primeiros discos de vinil de Sady Júnior foram o compacto de
Raul Seixas com "Gita" do lado A e "Não Pare na Pista" do lado B, e o
LP *A Arte de Cat Stevens*. Como era o mais novo da família, com sete
anos a menos que o irmão mais velho e nove a menos que a irmã, Sady
herdou parte da vivência musical de ambos, mas sobretudo aproveitou o bom gosto de um namorado dela, que morava em Pelotas. Através de Pedro ele conheceu Beatles, o rock progressivo de Yes, Genesis e Supertramp, e clássicos do folk como Carly Simon e Bob Dylan.

Até entrar na Faculdade, Sady levava uma "vida dupla", de muita
seriedade em Porto Alegre – "era da casa para o colégio e do colégio
para casa" –, e gandaia no Laranjal, a praia de Pelotas onde os avós e
primos tinham casa e a família se bandeava nas férias de inverno e de
verão, reduto das baladas noturnas desde os 13 anos. Em fevereiro,
ele desfilava religiosamente pela Escola de Samba Ramiro Barcelos e
blocos burlescos de Pelotas (e até hoje no Sereias da Lagoa, do Laranjal), eventualmente vestido de mulher, para manter a tradição do
Carnaval da cidade. Por conta do samba, aprendeu todo tipo de instrumento de percussão, passando do agê para a cubana, para o sur-
do, para o pandeiro. Em seguida, vieram as lições de cavaquinho, com
Luís Damasceno, um velhinho que morava perto da escola (de samba)
e, sempre que via uma roda de som perto de um trailer na avenida,
aparecia com seu instrumento – um dia Sady puxou conversa e, além
da amizade, ganhou preciosos ensinamentos musicais.

Vencida a etapa entre infância e adolescência no Colégio das Dores, os integrantes do futuro Nenhum de Nós passaram no vestibular
e entraram na vida universitária sem mudanças significativas em seu

cotidiano. Todos ainda seguiam a cartilha de garotos típicos da classe média porto-alegrense, que moravam com seus pais e, no tempo livre entre as aulas – de Engenharia Civil (Thedy, PUC), Arquitetura (Carlão, UFRGS) e Engenharia Química (Sady, PUC) –, tinham hobbies em torno da música, sobretudo o rock, num tempo em que para ficar antenado nas novas tendências do gênero, predominantemente internacionais, era preciso improvisar. No caso dos discos, geralmente importados, e portanto caros, era necessário apelar para um intenso comércio de empréstimos e trocas de fitas cassetes gravadas. Para atenuar a carência de shows de artistas estrangeiros, a saída era frequentar bares que passavam vídeos piratas de apresentações ao vivo no velho e bom VHS, como o Ocidente ou o Bocaccio, pequeno reduto frequentado por góticos e new wavers, situado no primeiro andar do casarão da Oswaldo Aranha com a João Telles, onde grupos como Bauhaus, The Cure, New Order e Talking Heads podiam ser conferidos em ação.

A formação de bandas era outro passatempo, apesar da deficiência de bons equipamentos e da falta de estrutura para os ensaios. Carlão, Bartholomeu, Thedy e um amigo em comum, Marquinhos, criaram um grupo folk de protesto chamado Quarteto Jererê, que fez muito barulho nos ouvidos dos pais e vizinhos da família Stein, donos do apê em que praticavam, mas durou muito pouco e acabou sem jamais sair do quarto. Thedy e Carlão tentaram seguir como uma dupla, mas logo sucumbiram à falta de perspectivas e não foram adiante com a ideia. Pelo menos com aquela ideia.

Em outra tentativa, ambos recrutaram um amigo que mais tarde integraria a primeira formação dos Engenheiros do Hawaii, Carlos Maltz, um dos poucos bateristas que tinha um instrumento e uma casa grande o suficiente para ensaiar sem enlouquecer a vizinhança. O trio competiu no Musipuc, festival de bandas da faculdade, com a música "Maria Caixão" – "lá vai Maria Caixão / a verdadeira assombração" –, mas a letra do além não agradou e a banda morreu logo depois.

Thedy também tocou com Sady antes do Nenhum de Nós, mas em um evento de música nativista, integrando um quinteto ao lado de duas garotas e com o amigo Nilo Sérgio no vocal. Eles ficaram em segundo lugar no Festival Estudantil da Canção Nativa, promovido pelo jornal *Tchê*, com a música "Amor Campeiro" (de Thedy e Nilo Sérgio), à frente da banda de Veco Marques, que ficou na terceira colocação.

O samba acompanhou Sady durante um tempo antes do Nenhum de Nós. Com outro ex-colega de colégio, Ângelo Giovani, que também tinha família em Pelotas e igualmente cursava Engenharia Química na PUC, além do Jorginho e do Stone, ele integrou o Grupo do Fadinho – "mais como um estado de espírito do que uma banda" – no qual fazia a percussão e cantava. As rodas de samba do quarteto começaram no Bar da Matemática da PUC, mas pegaram tanta fama (e lotação) que a diretora da faculdade "convidou a turma a se retirar".

Pra não deixar o samba morrer, os quatro mudaram para os fundos da PUC, na Avenida Bento Gonçalves, onde ficava o simplório Churraskinho do Maza, que tinha uma grande vantagem sobre o bar da faculdade: vendia cerveja. A galera foi atrás, evidentemente. Não satisfeitos com os agitos pelos lados da PUC, eles rumavam para a fervida Cidade Baixa depois das aulas, a bordo do possante Chrysler Esplanada 1967 dourado do Gordo, mais conhecido como "battrago", em busca de mais rodadas de samba e cerveja – e também encontros com outras turmas, como os músicos nativistas Veco Marques e Borghettinho, que se apresentavam em bares como João de Barro e Pulperia. Um dos botecos prediletos era o Cajueiro, na rua João Alfredo, onde a turma de Sady chegou a ser promovida a banda da casa, e permaneceu por mais de um ano, com cachê incluído, "algo como cinco mil cruzeiros e um jantar no meio da noite".

Enquanto Sady flanava pela noite porto-alegrense e até ganhava alguns trocados com música, Carlão estava tão soterrado pelos trabalhos da faculdade que encaixotou a guitarra debaixo da cama por um tempo, até conhecer um fã de Rush chamado Humberto Gessinger, que também tocava guitarra e lhe perguntou se conhecia algum baixista ou baterista, pois queria formar uma banda de rock – por conta da greve na Arquitetura as aulas invadiriam as férias de verão e a UFRGS organizou *happenings* com os estudantes que produzissem arte. Carlão indicou dois outros colegas do curso, Carlos Maltz e Marcelo Pitz, e depois de um primeiro encontro, alguns ensaios e a definição de um repertório, o quarteto de futuros arquitetos se transformou na banda Engenheiros do Hawaii, que fez sua estreia no auditório da faculdade, dia 11 de janeiro de 1985.

O guitarrista tocou uma segunda vez com o trio, sobre o terraço da entrada da Arquitetura, quando chegou a ser comparado com Angus Young, não exatamente por causa do virtuosismo: "Eu levei meus pedais numa mochila, montei no palco, comecei a tocar e esqueci de tirar a mochila das costas. Como permaneci com ela o show inteiro, a cena lembrou o guitarrista do AC/DC. Mas a semelhança parava por aí." A permanência de Carlão no grupo de rock dos colegas da Arquitetura também parou por ali. Sem dinheiro para se manter em Porto Alegre naquela temporada, motivo pelo qual também não tinha ido ao Rock in Rio, como desejava, o guitarrista rumou para a praia, onde já estava a sua família. Além disso, os demais integrantes pareciam estar levando os Engenheiros do Hawaii com muito mais seriedade do que ele, que encarava a banda como um passatempo.

Sady teve mais sorte que Carlão, e começou o ano de 1985 realizando o desejo de ver os maiores roqueiros do mundo tocando no Rio de Janeiro: "Meus pais estavam tão preocupados com a mudança de minha irmã pra Argentina que nem prestaram atenção quando pedi e foram logo deixando." Do Rock in Rio para a praia do Laranjal, ele passou a dar canjas informais no bar Feijão com Arroz que, nas terças-feiras de verão, lotava com sua peculiar dose dupla de atrações: um campeonato de vôlei de praia e uma roda de samba – com o Gordo no cavaquinho, claro.

Primeira foto de divulgação
Foto: Yula Dias

Apesar do sucesso de público (*o vôlei estava em alta por causa da geração que ganhou a Medalha de Prata nas Olimpíadas de 1984*), os donos do espaço, Gustavo e Beto, gostavam mais das outras noitadas, dedicadas ao rock, com destaque para os muitos vídeos em VHS de bandas gringas. O problema é que o Feijão com Arroz não atraía tanto público nessas datas, e para fazer a casa embalar com guitarras além de cavaquinhos, Sady se pôs a juntar amigos em bandas com repertório roqueiro, nas quais tentava tocar com algumas peças que, juntas, se assemelhavam a uma bateria.

Na data em que a banda Paralelo 30 se apresentou no bar, o Gordo subiu ao palco do Feijão com Arroz com dois amigos porto-alegrenses dos tempos de escola, Carlão (que já tinha guitarra) e Thedy (que tocou com um baixo meia-bomba emprestado por Gustavo), para fazer o intervalo do show, tocando *covers* "quase" instrumentais de bandas como Stray Cats e U2. Foi a primeira vez que o trio que futuramente seria conhecido como Nenhum de Nós tocou junto para uma plateia – Sady e Thedy continuaram por lá, e ainda deram algumas canjas no Carnaval do Laranjal.

De volta a Porto Alegre, os futuros integrantes do Nenhum de Nós resolveram encarar mais a sério a ideia de ser uma banda e passaram a ensaiar juntos e regularmente – assim que pôde, Thedy inclusive comprou um baixo Giannini, com a grana que economizou trabalhando como recreacionista em creche e fazendo bico de repórter do jornal *Rio Grande*, em que entrevistou Lobão e João Bosco, entre outros. Aos domingos, depois de se livrar de algum compromisso, como as peladas de futebol com ex-alunos do Colégio das Dores, Sady pegava Thedy e Carlão no apê dos Stein, no bairro Menino Deus, e o trio rumava para a casa da Dona Greta, a mãe da Maria Inez, namorada do Thedy, na Zona Sul da cidade. O baterista chegava sempre atrasado, mas a dupla era refém dele, único que possuía não apenas carteira de habilitação, mas também seu próprio carro, o Esplanada em que cabiam os instrumentos da banda.

O ensaio acontecia na garagem da propriedade de Dona Greta, com o baixo de Thedy, a guitarra de Carlão, um pequeno amplificador, aquelas peças que, com um pouco de boa vontade, se convertiam em algo similar a uma bateria, e dois microfones emprestados e bem ruinzinhos, que ficavam dependurados em uma antiga escada de obra. Tudo era ligado no equipamento de som da casa. No repertório predominavam *covers* de Stray Cats e The Clash, executadas com tamanha falta de habilidade que a garotada da vizinhança participava da brincadeira arremessando pedras contra a porta de metal da garagem, que a cada ensaio se apresentava mais danificada. Um alívio para a barulheira acontecia no meio da tarde, quando a dona da casa oferecia um café e os três paravam pra dar uma respirada, literalmente, depois de ficarem trancados durante horas onde, originalmente, estariam carros, e não pessoas.

Diversão à parte, eles tinham noção de que faltava muito para que saísse algum coelho daquela cartola. Uma das soluções foi ensaiar com mais frequência e em locais mais apropriados – até porque as caixas do aparelho 3 em 1 da namorada de Thedy tinham estourado. O primeiro deles foi o Estúdio Espaço Livre, na antiga sede do Cine Theatro Miramar, na Av. Aparício Borges, bairro Partenon. O tradicional cinema da família de Ricardo Pegorini, amigo do trio, tinha fechado em 1982, e duas de suas salas foram convertidas em estúdio de ensaio.

Apesar do flerte com o rock, Sady permaneceu namorando com o samba em 1985. Depois de um tempo tocando no Cajueiro, ele passou a acompanhar outro colega da PUC, Toninho Achutti, na percussão e no cavaquinho, nas noitadas de som do bar Caminho de Casa, até que a dupla assumiu um posto fixo no Bangalô. Com uma decoração rústica e um palco diminuto, o bar situado em um pequeno conjunto comercial nos altos da Avenida Protásio Alves nasceu como um reduto gaudério, num clima bombacha & chapéu, mas foi mudando de proposta conforme as rádios e as TVs abriam espaço para outros estilos.

No final do ano, pouco antes de sair de férias e decidido a ser baterista (estava tendo lições com o professor Thabba), Sady sugeriu ao dono do Bangalô que prestasse mais atenção na novíssima cena roqueira nacional para entrar bem o ano de 1986. Sérgio Albuquerque levou a observação a sério e escalou o músico Jairo Leandro, que àquela altura dividia as noites com Toninho Achutti, para testar um repertório com hits desse novo rock durante o verão, período em que Porto Alegre ganhava ares de cidade-fantasma com a debandada da população para o litoral, e as experimentações eram bem-vindas.

No Laranjal, o Gordo, que tinha comprado uma bateria que pertenceu à Orquestra da Rádio Farroupilha, da marca Valcareggi, dedicou-se abnegadamente a tocar, no sótão recém-reformado pelo pai, acompanhando os discos, em temperaturas infernais e para uma inusitada plateia de amigos, que ficavam sentados em sua volta – embora uma bateria, *meeesmo*, ele só foi adquirir em abril de 1989, durante as gravações de *Cardume*. Quando voltou das férias, ele encontrou o Bangalô como tinha sugerido, voltado para o rock ao ponto de ter ganho isolamento acústico, para evitar problemas com a vizinhança, e passou a tocar de quarta a sábado no bar, acompanhando Jairo Leandro em canções de Raul Seixas, Legião Urbana, Cazuza, Barão Vermelho, Lobão e afins.

Acompanhando Thedy e Carlão, Sady passou a ensaiar no estúdio do grupo instrumental de jazz fusion Raiz de Pedra, na rua Voltaire Pires, no bairro Santo Antônio, onde morava a família do saxofonista e flautista Márcio Tubino. Foi lá que se decidiu quem seria o vocalista da banda: Thedy começou a ganhar o posto depois de impor um registro mais grave na interpretação de sons de David Bowie e Iggy Pop, e conquistou-o sem deixar dúvidas quando imitou Nelson Gonçalves numa versão *hardcore* da música "Mágoas de Caboclo", tema dos personagens de Fábio Jr. e Glória Pires na novela *Cabocla*, de 1979.

No mesmo estúdio, os três conheceram um músico que estava em busca de uma banda para chamar de sua, chamado Vitor Hugo Santos, de apelido Turuga. Assim que viu Thedy, Carlão e Sady tocando, ele resolveu convidá-los para a tarefa. Os aprendizes gostaram das melodias e das letras que lhes foram apresentadas, mas refutaram as doses exageradas de ironia e humor. Entre a pequena traição de princípios (acompanhar um rock movido por sacadas de apelo publicitário) e a boa oportunidade de trabalharem arranjos próprios, eles toparam o desafio.

Bem oposto àquela trinca de nerds calados, Turuga era um sujeito especialmente agitado, que falava sem parar e dizia que tinha muitas, mas realmente muitas músicas prontas. Para mostrar seu repertório, batia na perna marcando o ritmo e cuspia versos como "Somos os primos pobres de Lucy brigando pelos diamantes / Somos toda cultura deixada pelas traças na estante." Nos primeiros ensaios, o trio se entusiasmou com algumas canções, como a que contava a história de uma tal Ione, vítima da violência de seu companheiro: "Não te faça de louca Ione / eu sei que você está viva / por favor não me decepcione / que eu te deixo em carne viva (...) Agora vai lavando esses pulsos / desliga esse gás, te penteia e te ajeita / vê se toma vergonha na cara e te arruma como gente direita" –, e "Cinema Cego", do refrão "Eu afundei na poltrona / eu amei loucamente uma dona / Denise, Isabel, Camille."

Com o passar do tempo, alguns comportamentos do *band leader* começaram a incomodar. Turuga desaparecia frequentemente, fornecia telefone e endereços que não batiam e deixava sempre em suspense a data do próximo ensaio. Logo, as alegadas "muitas músicas" começaram a escassear, e os ensaios se tornaram repetitivos. Por outro lado, surgiu uma data para o primeiro show, em Santa Maria, dia 26 de julho de 1986, e os quatro focaram em definir um repertório capaz de sustentar a apresentação e na definição de um nome para o projeto. Por sugestão de Carlão, a banda passou a se chamar Vitor Hugo e os Miseráveis, destacada pelo jornal *Zero Hora* em 30 de julho do mesmo ano (*com dois nomes do trio de apoio grafados incorretamente*):

> *Mais uma banda de rock básico está entrando em cena: é Vitor Hugo e os Miseráveis, que estreou sábado, no primeiro Femusic, em Santa Maria, e aguarda o momento de se apresentar em Porto Alegre. Vitor Hugo Santos, vocalista e líder da banda, é um compositor que já foi gravado por Diana Pequeno e tem, entre seus parceiros, os mineiros Flavio Venturini (do 14 Bis) e Ronaldo Bastos, e os gaúchos Zé Caradípia e Márcio Tubino (do Raiz de Pedra). Ele define o som da banda como "visceral, bem ao estilo das primeiras manifestações de rock, com letras de uma linguagem direta e contundente". Os Miseráveis são Carlos Stein na guitarra, Thedi Rodrigues no baixo e Sadi Monrich na bateria.*

Os dois primeiros shows em Porto Alegre foram realizados no auditório da Aliança Francesa, dias 3 e 4 de dezembro de 1986, com participação de Márcio Tubino no sax. Na estreia, Turuga estava tão nervoso que errou a entrada de diversas músicas, além dos tons de outras. Thedy precisou passar o tempo todo berrando em seu ouvido para alertar qual era a afinação correta. Sady ajudou a salvar a noite, embora não tenha participado como músico. Com uma mononucleose, que contraiu no estágio da Riocell, ele foi substituído por um baterista amigo do trio, Sidnei Schames (ou Sidito, o Magnífico), e assumiu o posto de operador de áudio. Na hora em que percebia o descontrole de Turuga, baixava o som da voz, dando a impressão de que havia ocorrido algum problema técnico. Aos poucos, quando se assegurava de que o vocalista tinha retomado o rumo, ele subia o volume. Os rumos do grupo, porém, não ficaram muito claros na crítica (elogiosa à parte instrumental) que Wesley Coll escreveu para o jornal *Correio do Povo*. Com o título "Está Chegando a Trip Cristã ao Rock Gaúcho", ele abordou "a apologia das virtudes de Jesus no seu coração", baseado na música "A Conversão".

A banda Vitor Hugo e os Miseráveis fez um terceiro show, no histórico Zelig Bar, na Cidade Baixa (dia 19 de novembro de 1986), mas na medida em que precisavam de mais tempo para trabalhar como Nenhum de Nós (que já tinha estreado), os três músicos de apoio desistiram de acompanhar Turuga, que contribuiu para a decisão com mais um de seus sumiços. Ele foi trabalhar com publicidade e morreu com apenas 45 anos, em 14 de outubro de 2008, no Hospital de Clínicas de Porto Alegre, durante uma cirurgia de transplante de fígado – tinha contraído uma cirrose, provocada por uma hepatite C. Sua música mais famosa é "Canção de Acordar", em parceria com o mineiro Flávio Venturini:

Acorde linda disposta e bela / Abra os olhos abra a janela / A noite já se foi / Agora é hora de viver na vertical / O dia há de trazer / Uma notícia, ou alguém especial / O dia inteiro vive naquela / Sol brilhante, lua amarela / A noite pode ter escondido / Algum tesouro no quintal / Quem sabe eu possa ler / Alguma coisa sobre ela no jornal / Lá na rua todos se olham / Todos se falam, perguntam por ela / Quem sabe hoje ela seja / Alguma estrela lá do mundo espacial / O vento há de trazer a roupa dela / E estender no meu varal / Acorde linda disposta e bela / Abra os olhos, abra a janela / A vida vai seguindo como um infinito corpo espiral / Espero em qualquer noite / Ver cair uma estrela em meu quintal.

A guinada roqueira sugerida por Sady deu certo e o Bangalô passou a superlotar. O baterista aproveitou o bom momento na relação com o proprietário e pediu para ensaiar com Thedy e Carlão nas horas ociosas do bar – e de graça. Sérgio consentiu e o trio, já em um estágio avançado de entrosamento, se transferiu de mala e cuia para o local (onde deixou inclusive os instrumentos), "que cheirava a cigarro e cerveja choca, cujo silêncio da tarde só era rompido pelo ruído dos compressores das geladeiras e do ar condicionado, e cuja iluminação natural era proporcionada por duas pequenas janelas com vidros amarelos", como recorda Carlão.

A proposta musical deles era misturar rock, folk e pop a partir de um processo de criação em conjunto, que partia das letras. As bandas que mais gostavam construíam suas músicas em torno de boas histórias, e o trio acreditava ser um bom ponto de partida. Situações cotidianas que eles ou pessoas próximas haviam enfrentado eram usadas para a construção de frases. Tudo era totalmente intuitivo e dividido. Houve casos em que cada um deveria fornecer uma frase antes que alguém dissesse uma segunda. As discussões conceituais por vezes consumiam quase todo o tempo do ensaio, mas eram tão importantes quanto afinar os instrumentos. A primeiríssima canção composta foi "Hertwig", sobre um zoólogo pesquisador da vida marinha: "Anêmonas, algas e corais / milhões de espécies de animais / por longos anos seguiu um peixe cego / sem satisfazer o seu superego". O primeiro bom resultado concreto foi "Enquanto Conversamos", uma canção sobre suicídio:

Enquanto conversamos / Procuramos entender / Por que uma porta se fechou atrás de nós / Havia um homem no apartamento ao lado / Ele não tinha nem a quem dizer / Que havia uma vontade angustiante de sumir / E apenas um lugar aonde ir / Hoje ele não mora mais ali.

VITOR HUGO
E OS MISERÁVEIS

DIA 19 DE NOV (quaria)
AQUI NO ZELIG ÀS 22 HS

VEM PINTANDO AÍ, COM A FORÇA DA PROVOK E af
alliance franç

HERTWIG

HERTWIG NÃO SABIA TOCAR
HERTWIG NÃO PODIA AMAR
ENTÃO ELE COMEÇOU
A ESTUDAR O FUNDO DO MAR

ANÊMONAS, ALGAS E CORAIS
MILHÕES DE ESPÉCIES DE ANIMAIS
POR 12 ANOS SEGUIU UM PEIXE-CEGO
SEM SATISFAZER O SEU SUPEREGO

COM TUDO QUE ELE PODE CONCEBER
DROGADO COM A VONTADE DE SABER
NADANDO EM TEORIAS MARGINAIS
ESTUDOS SOBRE ORGÃOS GENITAIS

HERTWIG NÃO SABIA TOCAR
HERTWIG NÃO PODIA AMAR

DO QUARÇO-DO-MAR

Com tudo que ele pode conceber
Drogado c/ a vontade de saber
Nadando em teorias marginais
Estudos pelos orgãos genitais

Thedy e Carlão junto com
Dante Longo em um dos
ensaios no Bangalô.
Foto: Acervo NDN

Além dela, "People Are", "Uma Pequena História" e "O Que Clark Kent Não Viu", incluídas na primeira demo do Nenhum de Nós (gravadas no estúdio da EGER), foram compostas no Bangalô, que se tornou uma espécie de esconderijo da banda, durante meses, até que chegou a hora de sair da toca – mas sem sair do lugar. Com um repertório suficiente para que fosse possível cogitar um show, inclusive a *cover* para "Tô à Toa Tókio", de Lobão, o trio reservou a data de 5 de outubro de 1986 para a sua estreia.

Foi então que Thedy Rodrigues Corrêa Filho, Carlos Eduardo Filippon Stein e Sady Homrich Júnior, no fim de uma noitada de rock em que tinham assistido, em vídeo, a um show de uma de suas bandas prediletas, o Bauhaus, no bar Ocidente, criaram regras e fizeram perguntas, uns aos outros, para chegar, finalmente, a uma conclusão: eles agora atenderiam pelo nome Nenhum de Nós.

Incentivada pelo clima resultante da abertura política brasileira, influenciada pelo pós-punk gringo que dominava as rádios alternativas como a Ipanema FM, em Porto Alegre, a Fluminense FM, no Rio, e a 97 FM, de São Paulo, impulsionada pelo Rock in Rio, onde foi feita a pesquisa de mercado que resultou na revista que se tornou a referência musical do período, a *Bizz*, auxiliada por clubes que davam espaço para novas bandas, como o Noites Cariocas e o Circo Voador, no Rio, o Aeroanta, em São Paulo, e o Ocidente, em Porto Alegre, conectada em programas jovens de TV que lançavam videoclipes, como o *Crig-Rá*, da TV Gazeta de São Paulo (em que o jovem Marcelo Tas interpretava o personagem BobMacJack), e o *Clip Clip*, da Rede Globo, abastecida pelas gravadoras que começaram a despejar lançamentos de todos os subgêneros possíveis, a garotada da classe média brasileira resultou roqueira nos anos de 1980.

A primeira edição do Rock in Rio, em 1985, botou o Brasil no mapa do circuito internacional de shows e o rock definitivamente no cotidiano do brasileiro, mas os primeiros riffs em torno do estilo naquela década soaram antes, a partir da criação de bandas como Vímana (com Lobão, Lulu Santos e Ritchie), Gang 90 e as Absurdettes (do talentoso Júlio Barroso), Blitz (do megahit "Você Não Soube me Amar", de 1982), Os Paralamas do Sucesso, Titãs do Iê-iê-iê, Kid Abelha & os Abóboras Selvagens e Barão Vermelho.

Em Porto Alegre, quem introduziu o novo rock nos ouvidos da gurizada foi a Ipanema FM. Em sua primeira fase, entre 1980 e 1983, ainda como Bandeirantes FM, mas já gerenciada pelo radialista Nilton Fernando, muito bem acompanhado pelo conterrâneo (de Cachoeira do Sul) Mauro Borba, o gênero aparecia timidamente na programação, sobretudo com o comunicador Ricardo Barão, que comandava o programa noturno *Estúdio 576*. A partir da adoção do nome Ipanema, o rock ganhou muito mais espaço, de todas as formas.

O próprio Barão produziu a primeira coletânea de novas bandas locais, o *Rock Garagem*, com Taranatiriça, Urubu Rei, Garotos da Rua, Fluxo, Moreirinha e Seus Suspiram Blues, Astaroth, Frutos da Crise, Valhala, Leviaethan e Os Replicantes, lançado em dezembro de 1984, em um show coletivo para quatro mil pessoas, no Auditório Araújo Vianna. Um ano mais tarde saiu o *Rock Garagem 2*, com Os Eles, Produto Urbano, Prize, Os Bonitos, Câmbio Negro, Banda de Banda, Atahualpa y os Panques e Spartacus, e o pequeno selo Pialo lançou a coletânea *Porto Alegre Rock*, com Fughetti Luz, Lionel

Gomes, Byzarro, Voo Livre, Bandaliera, Astaroth, Sodoma, V2 e Pupilas Dilatadas.

O movimento cresceu tanto que em 11 de setembro de 1985 um cursinho pré-vestibular patrocinou um festival com 10 bandas gaúchas, o fundamental Rock Unificado. Astaroth, Banda de Banda, Engenheiros do Hawaii, Garotos da Rua, Julio Reny & Km 0, Os Eles, Prize, Taranatiriça, TNT e Replicantes subiram ao palco do ginásio Gigantinho para dar o seu recado, e a mensagem foi muito bem captada pelas 10 mil pessoas da plateia, e também por Tadeu Valério, gerente de projetos especiais da gravadora RCA/Ariola, casa de um recém-criado selo para novos artistas, o Plug. O executivo estava no ginásio com a missão de observar quais bandas estariam aptas a gravar uma coletânea do que viria a ser chamado de rock gaúcho, embora não houvesse muitos elementos sonoros e estéticos em comum entre os artistas da cena, além do fato de serem da mesma cidade. Quem passou no "vestibular do Professor Valério" foram De Falla, Garotos da Rua, Os Replicantes, TNT e Taranatiriça, que declinou do convite e abriu espaço para os Engenheiros do Hawaii, que tinham ficado para a segunda chamada.

As cinco bandas escolhidas estão no álbum *Rock Grande do Sul*, lançado em 1986. Além de integrar a coletânea, todas assinaram contratos para um disco individual com o selo Plug. A gravadora, porém, acabou lançando seis álbuns de bandas sulistas no final desse processo. Apenas uma delas não participou de nenhum desses shows coletivos, muito menos entrou em alguma coletânea. Aliás, nem mesmo tinha feito o seu primeiro show quando *Rock Grande do Sul* foi lançado.

4.

O PRIMEIRO ANO DO RESTO DE NOSSAS VIDAS

N a noite de 5 de outubro de 1986, os amigos e familiares de Thedy, Carlão e Sady, além de alguns curiosos de plantão, foram ao Bangalô conferir a estreia do Nenhum de Nós. Eram cerca de 50 pessoas ansiosas e sem a exata noção do estágio em que a banda se encontrava – inclusive a própria banda não sabia. Carlão, apesar da experiência com os Engenheiros do Hawaii, era o mais apreensivo dos protagonistas, mas deixou-se levar pela tranquilidade de Thedy e Sady, e subiu ao palco tão confiante quanto a dupla de velhos parceiros de escola. A atmosfera era boa e totalmente informal, ao ponto de o trio aguardar a hora de tocar peregrinando de mesa em mesa, como se estivesse numa festa de casamento em que os noivos batem papo e tiram fotos com os convidados. Aliás, o quarteto, porque Dante estava junto com eles, evidentemente.

Dante Longo Filho, único rebento de Dante e Sueli, morador do Centro de Porto Alegre, estudou no Colégio Nossa Senhora das Dores desde a sexta série, quando foi colega de Carlão, e depois de Sady e Thedy, até o primeiro ano do Segundo Grau, quando rodou na escola, basicamente porque só se importava com música. Às vezes ele aparecia no colégio carregando só uma caneta, provavelmente para escrever na própria classe alguma lista de discos que ainda faltavam em sua coleção de rock. Para ele, como na música de Caetano Ve-

loso, tudo estava certo como dois e dois são cinco, desde que fosse com um bolachão de vinil nas mãos.

Tudo começou aos 10 anos, por influência do primo João, de Novo Hamburgo, onde Dante passava parte de suas férias, e comprou seus dois primeiros discos, *Goats Head Soup*, dos Rolling Stones, e *Aladdin Sane*, de David Bowie. A coleção foi crescendo rapidamente e passou a ocupar o pouco espaço residual no quarto, dividido com o toca-discos, as enormes caixas de som e, por absoluta necessidade, uma cama. Em um texto, Carlão lembra com detalhes das visitas ao apartamento do amigo, na Rua Duque de Caxias, a poucos metros da escola:

> *A porta do seu quarto tremia com o volume do som. As paredes do apartamento também, mas seus pais não reclamavam. A altura da música não tinha a ver com algum tipo de revolta ou mau comportamento deliberado. Quem se enchesse de coragem e cruzasse a porta do pequeno quartinho não encontraria drogas ou frases de protesto penduradas pela parede, mas um cara deitado na cama, ainda desarrumada, de calças jeans, com o botão de cima aberto, sem camisa e com os olhos grudados em alguma*

capa de algum disco do Black Sabbath, decorando tudo o que havia sido impresso nela, até o CGC da companhia fonográfica. Ao perceber a presença estranha o Dante fazia uma cara de surpresa, seguida de um sorriso amigável. O som permanecia no mesmo volume, obrigando o interlocutor a um complicado exercício de leitura labial.

Foi com Dante que Carlão passou a compartilhar sua fixação pelo punk rock. Entre 1976 e 1977 ambos compareciam quase diariamente às lojas de discos atrás de qualquer banda que usasse roupas rasgadas, cabelos curtos e alfinetes de segurança distribuídos pelo corpo, bisbilhotando os lançamentos. Ao experimentar a viciante sensação de identificar um vinil recém-lançado, Dante esfregava os dedos no nariz e sorria. Fazer rir, aliás, sempre foi um de seus dotes, e ele não precisava de muito esforço para garantir a diversão dos amigos. Carismático, vivia definitivamente para os discos e as amizades.

A convivência diária com o futuro Nenhum de Nós só diminuiu porque ele mudou de escola, em 1979. O reencontro com Thedy veio alguns anos depois, quando eles partiram juntos de um lotação da PUC, onde Dante estudava Relações Públicas, em direção à Rua Jerônimo Coelho, no Centro. A atualização de dados passou, evidentemente, pela música. Além do gosto em comum por novos artistas como o U2, a grande novidade eram os ensaios dos velhos amigos que andavam separados – para os quais Dante foi convidado. No final de um turno de aulas, acompanhado pelos parceiros Marcelo Perrone e Jorge Görgem, o Jorjão, ele rumou com seu Fusca movido a álcool para o tal bar dos altos da Protásio Alves, onde Thedy, Carlão e Sady passavam as tardes tentando ser uma banda de rock.

As visitas se repetiram até o dia em que ele recebeu o convite para trabalhar com eles. Dante aceitou por um show, quase desistiu na segunda apresentação porque foi obrigado a carregar algumas caixas de som pesadas até o Bar Opinião – ele chegou a deixá-las no meio da rua –, mas acabou ficando para o primeiro disco e se mantém por trinta anos exercendo a atividade de *tour manager* do Nenhum de Nós, para quem sempre foi muito importante além da amizade. Seu apurado conhecimento musical rendeu opiniões em momentos cruciais da banda, de quem tornou-se testemunha ocular de cenas dos primeiros tempos e de histórias mais recentes, como a dos jovens integrantes do TNT debochando do trio durante seu show no Bar Ocidente, em 1987, e a ovação do público nordestino para a banda no Caruaru Rock, em 2015. Aliás, no começo dessa apresentação, por conta de um problema técnico, Sady não conseguia ouvir o "clique" da bateria e os demais integrantes precisaram improvisar enquanto o operador de som buscava a solução. Eles foram para a frente do palco e tocaram uma versão acústica de "Extraño", que não estava no repertório. A plateia foi ao delírio.

Na estrada, Dante conviveu durante a maior parte dos finais de semana de sua vida adulta com todos os integrantes das diversas equipes técnicas e *roadies* que acompanharam o Nenhum de Nós, como Renato Alsher, Fernando Dimenor, Ivo Eduardo, Osvaldo Perrenoud, Wander Wildner, André Domingues, João Mitra, Cau Gomes, Rodrigo Miranda, Luciano Reis, Roger Gloeden, Caco Bolsoni, Paulo Petzold, Luciano Macarrão, Rodrigo Casacurta, Rafael Garcia e Marcos Rodrigues.

Ao lado dos músicos e da equipe técnica, ele vivenciou centenas de causos envolvendo a banda, como o de um show da turnê *Extraño*, em Natividade (RJ), quando um fã, com chapéu de vaqueiro, passou um bom tempo com uma vassoura debaixo do palco, tentando acertar Thedy, e ao ser impedido de subir no local, disse: "Se eu não subir, eu mato alguém" – ele não subiu, mas o prefeito não perdeu a chance de discursar para o público naquela Terra de Ninguém, em que algumas pessoas circulavam armadas; em São Ludgero (SC), Dante viu alguns

Foto: Antônio Meira

moradores apedrejarem o ônibus da banda na saída da cidade, depois de uma apresentação em que os seguranças da casa de espetáculos, que vestiam uma camisa com a frase "Segurança Nenhum de Nós", pegaram pesado ao ponto de um deles dar um tiro no meio do salão, pra dissipar uma briga; no Nordeste, deparou com um contratante que estava promovendo uma turnê de três apresentações sumir sem pagar o cachê logo depois da primeira: "Tivemos que sair sem receber porque tinha um show no dia seguinte, e quando chegamos na van que nos levaria para a cidade onde ele seria realizado, Imperatriz (MA), o motorista estava dormindo numa rede, dentro do veículo! Perguntei se ele estava bem, ele disse que ainda estava com sono, mas daria para seguir assim mesmo, pela madrugada, porque a viagem só duraria oito horas...". Dante também chegou a "tocar" na banda, ou melhor, fazer de conta, no programa de TV da então teenager Angélica. Em meio a uma temporada de divulgação, Carlão já tinha voltado a Porto Alegre quando veio o convite de última hora para a participação no Clube da Criança, da Rede Manchete. A solução foi colocar o tour manager pra fazer o playback da guitarra!

Outro membro da "Família Nenhum de Nós" com muito causo pra contar, desde que entrou em cena, é João Mitra, o mais longevo da equipe depois de Dante: "Eu era roadie do TNT e fui chamado pra fazer um freela com o Nenhum de Nós em 1991, numa turnê pelo Paraná e interior de São Paulo. Me pediram pra eu estar pronto às 5 da manhã no estúdio, fui pra lá e chegou uma Kombi. Eu achei muito estranho, o Nenhum era uma banda bem maior que o TNT e andava de Kombi! Só que a Kombi era pra nos levar até o aeroporto, eu nunca tinha viajado de avião e ninguém tinha me avisado, fiquei apavorado! Sentei ao lado do Thedy, que logo me falou: 'Já andou de avião? Melhor não tomar café'." Um ano depois Mitra foi efetivado como roadie da banda, na turnê do álbum Extraño, e em 2000 assumiu a função de técnico de monitor.

Mitra guarda histórias que dariam outro livro, da época em que ele e Cau Gomes eram roadies mas, extraoficialmente, acumulavam a função de seguranças da banda, aos tempos mais recentes, quando o showbiz tomou rumos mais profissionais. Ele relembra os disputadíssimos campeonatos de videogame de futebol e luta que eram promovidos nas viagens de ônibus, com direito a tabela dos jogos organizadas por Veco e Carlão (os únicos que não jogavam) e muitas apostas, e destaca um evento tragicômico que aconteceu no interior do Rio de Janeiro: "Fizemos um show em Angra dos Reis e resolvemos conhecer Paquetá no outro dia. Fomos com o ônibus alugado pela banda, dirigido pelo motorista Juventino, e começamos a beber capeta em um bar da cidade, músicos, *roadies*, técnicos, todo mundo. Aí um cara começou a provocar o João Vicenti e, pra evitar confusão, saímos para passear pelo lugar, bêbados, e aos berros cantando uma música que fizemos para o Juventino. Sem perceber, passamos na frente de um velório. Quando o pessoal do velório saiu pra ver quem estava fazendo algazarra, nos identificou. Tivemos que sair correndo para o ônibus antes que resolvessem partir pra cima de nós! É incrível, mas o morto tinha ido ver o show do Nenhum de Nós em Angra e se envolveu em um acidente de carro na volta! Foi muito tenso."

Mais tensão veio em um show de uma época especialmente difícil, da demo rejeitada, quando a banda incluía algumas releituras de rock grunge em seus shows. "Teve um dia em que os integrantes se emocionaram no final da apresentação, em Rio Grande, e começou uma loucura, o Cau tinha que segurar o Carlão pelo cabo da guitarra, o Vicenti jogou uma garrafa de água em mim e me deu um banho, eu devolvi pra ele, e rolou uma guerra de água. Só que o Veco não gosta desse tipo de brincadeira, e depois de eu jogar uma água nele me arremessou uma garrafa de vidro, pra acertar mesmo, que por sorte explodiu do meu lado!"

De volta à primeira viagem, bem menos tensa: Thedy, Carlão e Sady aguardaram o Bangalô encher de gente, se encaminharam para o canto do bar, onde ficava o pequeno palco, plugaram seus instrumentos e tocaram um set curto, que se transformou nos primeiros 30 minutos do resto de suas vidas, a primeira meia hora de show, com meia dúzia de sons, de uma carreira de trinta anos. Foi uma apresentação convincente, em que a banda conseguiu vencer o desafio de construir o ambiente adequado para suas músicas, densas, muito longas e bem dramáticas, recheadas de pausas e silêncios.

Amigos à parte, o público gostou do que ouviu. Por sorte, os amigos dos amigos também eram muito bem-vindos, e um dos irmãos-camaradas do Nenhum de Nós, Marcos Lobão, convidou Nilton Fernando, o diretor da Ipanema FM, para vê-los em ação. Ele gostou. Algum tempo depois, uma música romântica, introspectiva e sombria, que remetia às bandas góticas inglesas, entrou na programação da 94.9, com os versos:

Ela disse / Que eu não podia perceber / O que ela sentia por mim / Que eu estava tão errado / Em não querer me prender a ninguém / Que eu estava tão errado / Em não querer acreditar em ninguém / Então eu falei / Que era tudo uma questão de tempo / E até mesmo o tempo / Estava contra mim / Que o acaso é o começo / De todas as coisas / Mas eu gostaria de poder escolher / Que você não imagina como / Eu gostaria de tentar escolher / Existem pessoas / Que fazem de tudo um jogo / Existem pessoas / Que falam demais.

"People Are" foi a primeira música da mais nova banda de rock gaúcha a tocar em rádio. Foi só uma questão de tempo para que se tornasse a primeira de muitas.

5.
CONTA COMIGO

Depois da estreia no Bangalô, o Nenhum de Nós se apresentou no primeiro endereço de uma das casas de espetáculos mais importantes de Porto Alegre. Fundado por dois estudantes universitários da PUC conhecidos dos integrantes da banda, Alexandre Lopes, o Alemão, e Cláudio Fávero, o Magrão, o Bar Opinião ficava na rua Joaquim Nabuco, 469, e foi inaugurado em 18 de outubro de 1983, com shows de Totonho Villeroy e Maria Rita Stumpf – em 1987 a casa mudou para a rua José do Patrocínio, 834, sempre na Cidade Baixa, e nesse endereço tornou-se referencial para a cena musical gaúcha, com alcance nacional e internacional.

A agenda da banda marcou para a sequência a estreia fora de Porto Alegre, no palco do Cais Entre Nós, de Pelotas, o outro empreendimento dos amigos Gustavo e Beto (do Feijão com Arroz). Foram dois shows, anunciados com um release datilografado (*abaixo descrito literalmente*):

NENHUM DE NÓS a banda
A banda é formada por;
Carlos Stein – Guitarra
Sady Homrich – Bateria
Thedy Corrêa – Vocal e baixo

Fará duas apresentações na cidade de Pelotas no bar Cais entre Nós, que fica no estádio do Esporte Clube de Pelotas, dias 7 e 8 de novembro às 23 horas.

Após apresentações com casa lotada em Porto Alegre de uma surpreendente aceitação do público, NENHUM DE NÓS vai ao interior levando apenas uma linguagem direta despojada de apelos fáceis e efêmeros, para além das modas.

"Um intelectual é um homem que diz uma coisa simples de maneira difícil; e um artista é um homem que diz uma coisa difícil de maneira simples." Charles Bukowski

– Dizemos de maneira simples. Tentamos não parecer fugazes. Levamos o cotidiano de todos para territórios que nem todos percebem. Somos iguais, buscando nossas verdades.

A próxima apresentação foi na Crocodilos, a danceteria clássica porto-alegrense do comecinho da Av. Plínio Brasil Milano, no bairro Auxiliadora. Com a proximidade do verão, o trio se mobilizou em busca de shows no litoral gaúcho, para onde boa parte da população do Estado se desloca – um movimento tradicional e carregado de um inegável romantismo, que inclui um mar cor-de-chocolate e ventos fortes que jogam areia nos olhos dos veranistas. Thedy, Carlão e Sady tinham se assumido como banda e, para se inserir no meio do *show-biz*, haveriam de continuar tocando para outras plateias, na mais pura linha de ir aonde o povo está.

Parceira na busca por datas e contatos, a mãe do baixista e vocalista indicou o trio para um advogado conhecido, chamado Ivan Pedro Fernandes de Carvalho, que estava promovendo um festival com di-

Foto: Jô Vigiano

versas atrações na SAPI (Sociedade dos Amigos da Praia do Imbé), nos finais de semana. Novato, o Nenhum de Nós foi então escalado para a abertura do show de uma banda que já tinha duas faixas no álbum *Rock Grande do Sul* e estava às vésperas de lançar o primeiro álbum, o De Falla, empresariado por um tal de Tonho.

O Tonho deste enredo é Antônio Meira, que cresceu assistindo bandas de rock ao vivo, das locais, como Bobo da Corte, Byzarro e Bixo da Seda, às estrangeiras, como o Genesis, que em 1981 fez dois shows no ginásio Gigantinho. Ou melhor, um show e meio, porque a segunda apresentação foi interrompida por conta de uma indisposição estomacal do baixista Mike Rutherford – curiosamente, quem tinha assistido a passagem de som do grupo de rock progressivo foi Carlão, que estava no ginásio do Internacional para jogar basquete e deu um jeito de se infiltrar por uma janela pra ver os ingleses em ação.

A paixão pelo rock levou Tonho a frequentar aulas de bateria, no Instituto Palestrina, mas ele não teve paciência de levar adiante – por sorte sua irmã, Biba, foi mais dedicada, e se transformou na mais emblemática baterista da cena sulista, segurando justamente as baquetas do De Falla. Com o tempo, ele concluiu que sua vocação estava ligada ao negócio da música e aos eventos. Estudante de Publicidade, Tonho chegou a trabalhar em grandes agências, como Símbolo e M&PM, mas em paralelo desenvolvia projetos na área artística, na produtora Ribalta. *Showbiz* e publicidade à parte, ele tinha um esporte como hobby: o surfe.

A febre do surfe entre os jovens gaúchos de classe média se deu a partir da segunda metade dos anos de 1970, e se consolidou nos anos de 1980, rendendo instituições (como a Federação Gaúcha de Surf e Skate, fundada em 1979), marcas locais da moda como Brasil Surf, Deandê, Fantasy, Murphy's, Overdose, Pychulyn e Kilkee, lojas como a Trópico e até hits de punk rock, como "Surfista Calhorda", do Replicantes, que tirava onda de quem pegava onda.

Tonho Meira e Dante Longo trabalham nos bastidores
desde o começo do Nenhum de Nós
Foto: Fernanda Cardozo

Quem também surfou nessa praia foi a Rádio Ipanema FM, que se consolidou comercialmente graças aos negócios gerados pelo esporte – boa parte dos novos empreendedores eram filhos dos velhos anunciantes da Bandeirantes, rede a que a Ipanema FM pertencia. Foram eles que identificaram na emissora, antenada no rock e no cotidiano da gurizada, o veículo mais adequado para suas empresas.

As pequenas, crispadas e irregulares ondas do litoral gaúcho foram determinantes para que o surfista Tonho assumisse a carreira de produtor musical. No mar de Imbé, ao tentar uma manobra arrojada, a parte da frente de sua prancha se enterrou em um banco de areia, e uma das duas pontas da parte de trás, que remetia a um rabo de peixe, virou uma lança e perfurou, e depois rasgou, sua coxa. Urrando de dor, ele conseguiu remar até a praia, viu duas pessoas se aproximando, pediu ajuda e apagou. Quando acordou, seu ferimento havia sido limpo e o corte fechado – "foram três camadas de sutura, com pontos de tração na parte de cima da perna, no Pronto Socorro de Tramandaí. Dei sorte, o corte foi paralelo ao sentido da femoral". O primeiro ato seguinte foi identificar a dupla que o socorreu, Ricardo e Marcelo, um músico de quem acabou se tornando amigo próximo, de sobrenome Nadruz.

Em Porto Alegre, Tonho passou a frequentar os ensaios do recém-formado grupo de Marcelo Nadruz, o Raiz de Pedra, um dos expoentes de uma consistente cena de rock instrumental, com pitadas de progressivo e *fusion*, que se formou no começo dos anos de 1980, e na qual também se destacavam o Cheiro de Vida, o Voo Livre, formado em Pelotas, e o Taranatiriça, que não tinha vocais em suas formações iniciais – inclusive uma das músicas mais importantes do Tara é instrumental: "Reverber Próprio" foi o tema de abertura do *Pra Começo de Conversa*, o ousado programa jovem das 19h30min da TVE, apresentado diariamente por Cunha Júnior, depois por Eduardo Bueno, e mais tarde por Mauro Borba.

Entre 1981 e 1984, Tonho trabalhou como produtor do Raiz de Pedra, juntamente com Paulo Audi, irmão gêmeo de um dos integrantes da banda, colocando em prática conceitos de marca e imagem que aprendeu na Publicidade, e estratégias que fomentavam a formação de um público, como as temporadas de shows em lugares menores, que permitiam mais adesão do que datas únicas em teatros com mais capacidade. Dentro dessa lógica, o grupo fez uma boa temporada no Teatro Renascença, em 1982, e outra notável entre novembro e dezembro de 1983, no Teatro de Câmara: *Terapia de Crise* ficou em cartaz durante três semanas, de quinta a domingo, e evoluiu dos pouco mais de 40 pagantes dos primeiros dias para a lotação máxima na última semana, de 210 pessoas por apresentação.

Bem-sucedido nos primeiros movimentos da nova carreira, Tonho seguiu em frente produzindo shows de artistas locais (Bebeto Alves na Reitoria da UFRGS, Leo Ferlauto no Auditório da Assembleia, Vitor Ramil em palcos da capital e interior) e nacionais (Ira!, Capital Inicial, Patife Band, Gueto, Violeta de Outono), além de agenciar bandas de rock. Para não ter que colocar seu próprio nome nos cartazes de divulgação, ele decidiu criar sua pessoa jurídica, a produtora Lado Inverso, cujo nome pontua o fato de Tonho "se dedicar a reverberar no Centro do país os artistas do Sul". O primeiro grupo de rock do catálogo foi a Banda Fluxo, que nasceu em Foz do Iguaçu como dupla (Edu K e Gustavo Xis), e ganhou o reforço de Biba Meira em Porto Alegre. O DeFalla (essa é a grafia original), que na verdade era o Fluxo com Carlo Pianta no lugar de Xis, veio em seguida, e estreou nos palcos em 18 de setembro de 1985, no Teatro Renascença.

Alguns dias antes do show na SAPI, Tonho recebeu uma ligação de Sady, que se apresentou como o baterista da nova banda que tocaria antes do De Falla, e solicitou emprestada a bateria para o Nenhum de Nós. Ele consentiu, e gostou da ideia de ter novatos abrindo o show. O De Falla, antes de gravar o primeiro disco, já tinha feito a abertura para Legião Urbana, Lobão & os Ronaldos, Capital Inicial e Ira!, e se sentia devedor da generosidade de outras bandas: "Era um tempo de muita efervescência musical e amizade entre os artistas e

Thedy e Carlão com a banda
De Falla durante a gravação
do segundo disco de ambas
as bandas, em São Paulo,
no Hotel Jandaia, em 1989
Foto: Sady Homrich

empresários." Detalhes finalizados, foram providenciados os cartazes que em seguida foram espalhados pelas ruas de Imbé, Tramandaí e arredores, divulgando para o dia 6 de fevereiro de 1987 o show do De Falla, com abertura do Nenhum de Nós, na SAPI.

O salão da SAPI tinha formato circular e lembrava os bailes dos clubes do interior. O palco, baixo, ficava ao lado da entrada. A bateria, o equipamento de som e alguns artefatos de iluminação pendurados já estavam no lugar quando o Nenhum de Nós chegou na tarde do show, para fazer a passagem de som. O próprio Tonho tinha montado a pequena bateria de dois tons de Biba Meira. Quando viu o tamanho de Sady entrando no salão, ela e o irmão ficaram apavorados:

– Se esse cara bater na bateria com aquele bração, nós estamos ferrados.

Sady: "E aí Biba, eu sou o Sady, tudo legal? Já falei com o empresário de vocês pra tocar na tua bateria, obrigado, viu?"

Biba deu um olhada desconfiada e fez o sinal de "certinho" com o dedão.

Sady: "Eu trouxe meu pedal, meus pratos, minha caixa, depois que vocês passarem o som a gente vai ensaiar pra deixar tudo pronto."

Biba fez outro sinal de "certinho" com o dedão, a luz do sol batendo em seus olhos.

Sady: "Ah, só uma coisa, por um acaso vocês tocam algum cover do Talking Heads?"

Biba continuou em silêncio, olhou de novo para o baterista e começou a gargalhar. Deu as costas e saiu de cena.

Tonho não ficou para a passagem de som do Nenhum de Nós, mas antes de sair, alertou os novatos sobre o horário da apresentação. Era preciso ser pontual. Como não havia hospedagem ou alimentação incluídos no contrato do show, o trio de abertura apelou para o apartamento de um amigo, Sidney, como QG para trocas de roupa, banho, lanche e descanso. O apê ficava na praia de Atlântida, não tão distante de Imbé, mas suficientemente longe se houvesse algum atraso – e eles, simplesmente, perderam a noção do tempo. Além disso, seria preciso pegar, no caminho, o engenheiro de som da banda, função ocupada por Marcelo Nadruz naquela noite. Na medida em que a Brasília 76 branca de Sady se arrastava pelas estradas esburacadas do litoral norte gaúcho, o pânico crescia, acompanhado de gritos histéricos. A banda estava pelo menos uma hora atrasada para o show, imaginando as piores consequências. No mínimo, perderia o respeito de um promotor e um empresário promissor. E não havia desculpa plausível além da incapacidade de cumprir horários.

Tonho e os integrantes do De Falla estavam jantando na casa de praia de sua família, em Imbé, a meia quadra da SAPI, quando foram comunicados de que a banda de abertura simplesmente não tinha aparecido. O jeito foi abortar a sobremesa, vestir rapidamente as roupas e adereços góticos e adiantar a entrada em cena, para cumprir o horário estabelecido. Enquanto o De Falla tocava, o Nenhum de Nós finalmente chegava à SAPI. Na porta do clube, uma turma de amigos estava à espera, sem palavras. A esta altura um tenso e envergonhado Thedy, em busca de desculpas para si mesmo, sentia brotar um preconceito contra "a banda metida que estava no palco, cujo vocalista usava saia e destilava um excesso de modernidade". No fundo, ele esperava ser solenemente ignorado por Edu K e companhia.

Nervoso, Sady foi conversar com Tonho e voltou com a notícia de que a banda de abertura tocaria depois dos *headliners*. Bem diferente do que Thedy imaginou, Edu K, que não conhecia o trio, pediu para a plateia ficar no local porque, em seguida, eles veriam o show de "uma banda de uns amigos nossos, o Nenhum de Nós". O De Falla não ficou para ver "os amigos", Thedy teve uma lição de humildade, Tonho permaneceu no clube, porque teria de guardar os equipamentos, assistiu ao show, e gostou do desempenho. Enquanto desmontava a bateria, Ivan lhe apresentou Thedy. Tonho deu os parabéns e seu cartão. Thedy falou sobre a gravação de uma demo pelo Nenhum de Nós. Tonho revelou que, em breve, iria para o Rio de Janeiro, e se colocou à disposição se eles quisessem uma "força" com alguma gravadora.

Passadas algumas semanas, Thedy discou os seis números da Lado Inverso e pediu uma reunião. O amigo em comum Marcelo Nadruz tinha falado muito bem dele, e o vocalista queria conversar sobre a proposta de mostrar uma demo para alguma gravadora. Tonho, porém, estava trabalhando simultaneamente com De Falla e Fluxo e já achava muito complicado administrar duas bandas de rock. Por outro lado, tinha gostado do som, das letras, do jeito do vocalista, do bom gosto do guitarrista. Considerou tudo o que ouviu como limpo e silencioso. Depois de refletir, retornou a ligação. Que mal faria um descompromissado bate-papo com o trio? Sem atrasos desta vez, ele se encontrou com os músicos, acompanhados pelo então produtor do Nenhum de Nós, Dante Longo, e Claudia Rüdiger, uma amiga que também se propôs a ajudá-los na produção, no tradicional Bar do Beto, na Av. Venâncio Aires.

Tonho recebeu uma primeira demo, só com músicas de estúdio, inclusive "People Are", que já tocava na Ipanema FM, ouviu com a devida atenção e avaliou que não tinha nada parecido no rock local. Ao mesmo tempo em que se dispôs a mostrá-la para alguma gravadora, desenhou um plano de lançamento para o Nenhum de Nós, usando suas credenciais, que envolvia um show no Bar Ocidente e algumas apresentações no interior do Estado. Mais adiante, quando a RCA sinalizou para a gravação de um disco, ele acabou assinando como representante da banda, ainda sem ter um vínculo oficial. Dali em diante, ficou impossível escrever a história de um sem se referir ao outro.

6.
A GAROTA DE ROSA-SHOCKING

Maria Camila O'Gorman nasceu em Buenos Aires, no ano de 1825. Com 18 anos, a filha mais nova de uma família aristocrática com raízes irlandesas, francesas e espanholas, conheceu o padre de sua paróquia, Ladislao Gutiérrez, ex-colega de seminário do irmão dela. Ambos se apaixonaram, fugiram a cavalo para a província de Corrientes, foram capturados, julgados e fuzilados, para atender à pressão popular contra a violação do celibato, entre outros motivos. Camila foi enterrada na morada definitiva dos nobres argentinos, o cemitério da Recoleta, e a história, muito difundida em sua terra, rendeu dois filmes: *Camila O'Gorman*, de 1910, mudo, dirigido por Mario Gallo, e *Camila*, de 1984, dirigido por María Luísa Bemberg, indicado para o Oscar de Melhor Filme Estrangeiro de 1985, e que estava em exibição nos cinemas de Porto Alegre em 1987.

No mesmo período, o Nenhum de Nós seguia sua saga de muitos ensaios e novas composições, em busca de algum cartaz – não tinha conseguido muito mais do que ser incluído na reportagem sobre bandas de garagem escrita por Wesley Coll e Fábio Camargo para o Caderno de Sábado do jornal *Correio do Povo*, em 24 de janeiro de 1987, com o título "A Música que Está Nascendo Agora", juntamente com as bandas Elipse, S.O.S., Cóccix, Erga Omnes e Thule:

NENHUM DE NÓS – Integrada por Sady Homrich, bateria e percussão, Carlos Filippon, guitarras, e Thedy Corrêa, baixo e voz, o curioso nome pode referir-se às influências: apesar de muitas, nenhuma delas define com exatidão o som do grupo. Como dizem, "qualquer ingrediente na proporção certa ou não".

Em busca de ingredientes para novos sons, o trio tinha terminado de escrever mais uma letra, baseado no seu processo criativo de bate-papos em torno de experiências e observações cotidianas. Uma garota conhecida da banda tinha um namorado que a humilhava e inclusive já tinha sido violento com ela. Encolhida de medo, e de vergonha, ela se mantinha calada. Thedy, Carlão e Sady resolveram então abordar a violência contra a mulher, seguida de resignação feminina, em sua mais nova canção, que nasceu sem refrão e era inspirada em King Crimson. Música e letra, na primeira pessoa, até casavam, mas a sensação de que faltava algo surgia a cada repetição da base. A solução veio aleatoriamente, quando Thedy olhou para baixo e viu em uma das páginas de um jornal que forrava o chão do estúdio (porque chovia sem parar naquele dia) o nome do filme argentino em um anúncio no roteiro de cinema, que resolveu incluir como refrão, e que deu o nome à música. O rascunho sonoro ganhou uma levada de New Order, foi tocado muitas vezes naquela mesma tarde, e incluído no repertório do próximo show e, definitiva e categoricamente, mudou a vida do Nenhum de Nós.

"Camila, Camila" foi tão fundamental para a banda quanto o estúdio de Walter Rezende Pereira, onde foi composta. O casarão da Travessa Sofia Veloso, 58, se transformou no QG de ensaios e "lar" dos instrumentos do Nenhum de Nós entre 1987 e 2012. Tudo começou quando Ivan Carvalho, o promotor do show da SAPI, marcou a reunião para tratar do evento na casa da família de Walter (também conhecido como Voltaire), que lá mantinha um estúdio e dava aulas de guitarra. O Nenhum de Nós usou pela primeira vez o local depois de tocar em Imbé, nos preparativos para a apresentação no Bar Ocidente. Mais adiante, com o contrato assinado com a RCA, foi necessário encontrar um lugar mais próximo e com mais disponibilidade de horas que o Bangalô, e os ensaios no estúdio de Walter se tornaram regulares. Por conveniência da família, que não gostava da circulação de muitas pessoas diferentes na própria casa, Walter propôs um aluguel razoável para que a banda utilizasse com exclusividade o espaço. O acordo foi feito em 1987 e quase todas as músicas do Nenhum de Nós até 2011, quando foi lançado *Contos de Água e Fogo*, nasceram ou ganharam forma lá.

A banda saiu de lá porque ficou muito difícil fazer o embarque e desembarque de equipamentos para os shows, com o aumento de circulação na Cidade Baixa – a rua é bem estreita –, e também pela necessidade de o estúdio ser reformado, pois foi construído na metade dos anos de 1970.

Sady diz que "sente saudade do espaço e de seu dono, com sua rotina nas escalas de guitarra, da Dona Zora, sua mãe, que zelava por nós e nosso equipamento, da Ursa, a pastor-alemão fêmea que mordia nossos calcanhares, da Iuni, dachshund que jogava bola com a banda antes dos ensaios. Fez parte da nossa história."

Thedy arremata: "O Walter se tornou parte da família Nenhum de Nós."

Em 3 de dezembro de 1980, seis amigos alugaram um casarão na esquina da Avenida Oswaldo Aranha com a Rua João Telles, no coração do bairro boêmio Bom Fim, e mudaram a vida cultural de Porto Alegre. De início frequentado por pessoas ligadas ao teatro, o Bar Ocidente foi logo adotado por artistas e intelectuais de outras áreas, e se transformou em um libertário receptor de manifestações artísticas múltiplas, sempre ligadas às vanguardas. Consolidado como um reduto de dramaturgia, a partir de uma performance inovadora do novíssimo grupo Balaio de Gatos, o espaço mudou no dia em que "resolveram tirar as cadeiras para os lados e começaram a dançar", como relata um de seus fundadores, o cenógrafo e diretor de arte Fiapo Barth, ao descrever a transmutação da sala em pista de dança. Não demorou muito tempo para a gurizada que curtia guitarras (a que chamavam de medonha naquela época) organizar alguns shows de rock por lá, subindo no palco que ficava em cima do balcão do bar propriamente dito, há uns dois metros e meio de altura, bastante próximo da estrutura do telhado. Da noite para o dia (ou melhor, do dia para a noite), o Ocidente virou um templo também para os neo-roqueiros gaúchos. Bandas como Os Replicantes, De Falla, Cascavelletes, TNT e Graforreia Xilarmônica se apresentaram pela primeira vez, ou logo depois de terem sido formadas, na esquina mais efervescente do Bom Fim.

O Nenhum de Nós tem um histórico de formação e formatação bem diferente das demais bandas de rock de Porto Alegre, mas o Ocidente também é importante em sua biografia. O trio tinha noção de que fazer um show no bar em 1987 era como "carimbar o passaporte" para a cena local. Assim que agendou uma data na casa, confirmando o plano previamente traçado para disseminar o trabalho da banda que se propôs a produzir, Tonho Meira se encarregou de detalhes além-música, como a cenografia, que consistia na projeção em 8mm de *takes* de filmes antigos feitos pelo pai de Sady quando morou na Europa, e o registro do show em áudio e vídeo. A apresentação foi numa quarta-feira, dia 15 de abril de 1987, e quando o Nenhum de Nós desceu do palco estava convicto de que o desempenho musical fez jus às apuradas questões estéticas e técnicas. Entre os acertos, esteve a primeira execução pública do novo som, "Camila, Camila". A boa impressão foi confirmada alguns dias depois.

No feriado de primeiro de maio de 1987, Thedy, Carlão e Sady

Sady ensaiando para gravar tímpanos na canção "O Marinheiro que Perdeu as Graças do Mar", do primeiro disco, em 1987
Foto: Acervo NDN

foram se apresentar novamente no bar Cais Entre Nós, em Pelotas, incluindo a parafernália para as projeções em single-8. Na tarde pré--show foi Sady quem montou o cenário, porque Tonho tinha viajado para Rio e São Paulo com a nova fita demo da banda, que incluía a execução ao vivo de "Camila, Camila" além de músicas de estúdio, com a missão de prospectar alguma gravadora. Integrantes de um grupo precoce, com apenas sete meses de carreira, os garotos do Nenhum de Nós não nutriam grandes esperanças. Selos que apostavam em novidades, como o Plug, já tinham assinado com outras cinco bandas gaúchas. Além disso, em maio de 1987, nas mãos do presidente José Sarney, o Brasil vivia uma recessão econômica profunda, abalado pelo fracasso do Plano Cruzado, que resultou na troca do Ministro da Economia e na implementação de medidas mais drásticas a partir do Plano Bresser, que congelava os preços e instituía a Unidade de Referência de Preços (URP).

Entre a falta de grana, os rolos de super-8 e a preparação para o *soundcheck*, o trio estava em um canto do bar quando se surpreendeu com a aparição cinematográfica de Tonho, que entrou solenemente porta adentro e fez deslizar um envelope de ponta a ponta pelo balcão de concreto do Cais.

– O que é isso? Tu não estavas em São Paulo? – perguntou Sady.

– Abre – disse Tonho.

Desconfiado, o Gordo tirou do envelope o simplório contrato padrão do selo Plug, que tinha apenas uma folha, em frente e verso, com as protocolares frases "de um lado a RCA/Ariola, de outro a banda Nenhum de Nós, representada por Antônio Meira..."

O Nenhum de Nós tinha se tornado o improvável décimo quarto artista do Plug, criado com o limite estabelecido de 13 bandas – já estavam no elenco Engenheiros do Hawaii, Os Replicantes, Garotos da Rua, De Falla, TNT, Hojerizah, Picassos Falsos, Violeta de Outono, Hanoi-Hanoi, Black Future, Obina Shock, João Penca & Seus Miquinhos Amestrados e Os Aliados. "Estávamos fechando a porta e vocês meteram o pé", relataram executivos da gravadora. Conhecido de Tadeu Valério por conta do De Falla, Tonho entregou sem modéstia o novo material para o executivo do selo, no Rio:

– Taí o próximo disco de ouro de vocês!

O empresário gaúcho foi além, afirmando que lhe daria a preferência, mas que seguiria tentando com outras gravadoras, afinal, "todo mundo estava querendo bandas de rock". Não era bem assim: àquela altura, por conta da recessão, os números da indústria fonográfica tinham despencado, o RPM, maior vendedor do país, encerrado as atividades, e a curva de crescimento do estilo começou a ter sua primeira queda desde o boom pós-Rock in Rio.

Talvez por isso Tadeu Valério tenha começado a conversa perguntando quantos integrantes formavam o "tal grupo que lhe daria um disco de ouro", e pareceu aliviado quando ouviu a resposta, porque um trio até caberia no orçamento, com algum esforço, se fosse realmente bom. Dois dias depois, quando já tinha ouvido a demo e comentado para o diretor artístico da RCA, Miguel Plospchi, o quanto o som do Nenhum do Nós tinha "batido nele", Valério ligou para Tonho, que estava em um hotel de São Paulo. O horário avançado, três horas da madrugada, evidenciava que o executivo não queria mesmo perder aquela chance:

– Não mostra isso para mais ninguém, vamos fechar – foi o que disse por telefone.

Com o contrato assinado, Tonho tomou um ônibus de São Paulo para Porto Alegre e viajou 18 horas, chegou em casa por volta de 10 da manhã, tomou um banho, trocou de roupa, voltou para a Rodoviária e comprou uma passagem para Pelotas. Três horas de estrada percorrida, entrou em um táxi e deu o endereço do bar Cais Entre Nós, "ali no estádio da Boca do Lobo". Levou 15 minutos para chegar no local, entrar sem bater na porta, deslizar o envelope pelo balcão e dar a boa nova para a banda. Trinta e seis dias depois, em seis de junho de 1987, o Nenhum de Nós desembarcou em São Paulo para gravar seu disco de estreia, no estúdio da BMG, na rua Veridiana.

O amapaense Reinaldo Barriga de Brito, diretor artístico do selo Plug, foi o produtor escalado para a estreia fonográfica do Nenhum de Nós. Ex-guitarrista da banda de baile Os Moscas – que além de se apresentar pelos salões da Guanabara acompanhava os cantores no *Programa Silvio Santos*, sucesso absoluto das tardes de domingo da Rede Globo – ele tinha passado pelas gravadoras Top Tape (em que trabalhou com brasileiros que gravavam em inglês, como Christian e Mark Davis, que depois se consagrou como Fábio Jr.) e RGE (em que produziu o álbum *Batalhão de Estranhos*, do Camisa de Vênus, em 1985). Em seguida, foi contratado pela RCA e assumiu a coordenação do projeto *Rock Grande do Sul*. Barriga produziu os discos das cinco bandas gaúchas convicto de que faziam um rock diferente dos demais estados.

Para os integrantes do Nenhum de Nós, marinheiros de primeira viagem, ainda crus em termos de composição e execução, a presença de um produtor importante era fundamental, mas sua ausência em período integral nas gravações, por conta do acúmulo de atividades, deixou a banda insegura. Os primeiros dias foram uma espécie de aprendizagem forçada, porque o repertório tinha sido composto em estúdios de ensaio, e o trio precisava ouvir diversas vezes cada registro para encontrar os defeitos e corrigi-los. Ciente da insipiência daquela banda de garagem, o produtor supervisionava tudo. Ao seu tempo, claro. "Era uma relação empregado-patrão", sintetiza Thedy, que destaca que o veterano Stelio Carlini, o técnico de som, "também não ficava muito tempo no estúdio".

Por conta de uma inexperiência que causava dependência, a banda vivia angustiada. Não era incomum que um turno inteiro de gravação fosse refeito porque tinha sido registrado sem a presença do produtor no estúdio. Quando estava no local, o sarcástico Barriga não economizava nas críticas ao desempenho do trio, em sessões que terminavam em ameaças de desistência do projeto, e que tornou algumas frases recorrentes:

– Toquem mais uma vez, está uma merda! *(anos depois, em uma entrevista para o repórter Ricardo Schott, da revista Backstage, Barriga conta que, com o Camisa de Vênus, foi bem parecido: "Botei a banda para tocar em um estúdio supermoderno. Achei o resultado muito ruim e cheguei a falar: 'Ah, vou embora. Não quero pegar esse trampo, não.'")*

O tempo escasso do produtor também estabeleceu a escolha de uma música para trabalhar com mais afinco, "Camila, Camila", desde sempre escolhida como o cartão de visitas da banda, e o período restante para as demais. Barriga ratifica a importância da faixa: "'Camila, Camila' é uma música especial. Quando ouvi o repertório daquele disco eu a assinalei. E não havia outra. Eu só me lembro dela e de 'No Clube', que era o fim da picada. No dia da gravação, eles usaram a minha Gibson Les Paul e um violão Gibson que era de um amigo meu, professor de inglês de Curitiba. Usamos também um equipamento gringo que tinha um delay interessante, e essa combinação do eco com a Gibson e com o violão foi uma coisa inacreditável! Além disso, eu peguei emprestado do Fábio Golfetti, do Violeta de Outono, um pedal de distorção clássico, semelhante a um fuzz, porque tinha a intuição de que aquela frase final da música devia ter a marca de um pedal com um som bem específico. Mais tarde, na mixagem, fizemos um experimento. Eu havia colocado uns overall na bateria *(ele se refere a microfones que ficam bem acima do instrumento, e captam boa parte de sua reflexão produzida nas paredes do estúdio).* A bateria tinha um som muito legal, porque o bumbo do Gordo tem um som igualzinho a ele, bem gordinho *(risos)*. Quando ele fazia a virada de caixa antes do refrão, eu subia os overall e o som da bateria ficava indefinido, porque somava com o som da sala, que era gigantesca, e isso tudo resultou em uma sonoridade muito boa."

A experiência de gravar um disco longe da casa era um peso para Carlão, "que se refletia em noites cada vez menos dormidas". Ele afirma que "logo o cansaço se revelou um inimigo, somado ao afastamento inédito de casa, a saudade da namorada, a provação das gravações, a falta de céu azul do inverno paulistano e a paisagem dura do centro da cidade, onde estávamos hospedados". Sady e Thedy, por outro lado, encaravam com mais tranquilidade aquela vivência, que melhorou quando surgiu a ideia de convencer Barriga da ida do velho amigo Dante para São Paulo. O produtor, que respondia pelas despesas na gravação, não entendeu.

— Mas o que ele vai fazer aqui, ele toca alguma coisa?

— Não, mas temos uma série de pequenas coisas burocráticas que não gostaríamos de nos envolver, e ele poderia cuidar disso.

Depois de muita insistência, Barriga liberou passagens, hotel e verba de alimentação para o "produtor" do Nenhum de Nós. Dante se deu bem e ocupou um quarto individual no Hotel Lord, enquanto os três integrantes continuaram dividindo um quarto triplo. Com o tempo, a relação com o produtor melhorou, ao ponto de gerar alguma cumplicidade. Barriga, a rigor, esperava atitudes mais propositivas, algo que os novatos ainda não tinham capacidade de oferecer. Uma segunda reivindicação foi a ida do músico e conselheiro informal do Nenhum de Nós, Marcelo Nadruz, a São Paulo, para fazer as intervenções de teclado necessárias para o álbum. O produtor preferia algum músico local para economizar nas passagens e diárias, mas acabou cedendo. Com Nadruz em cena, Dante ganhou um companheiro de quarto, "Camila, Camila" novas frases musicais e Barriga ainda mais satisfação pelo resultado da faixa que realmente importava.

A gravação do álbum durou cerca de um mês, e o processo de mixagem se iniciou bem mais leve. Como a tomada de decisões técnicas se impunha, a presença da banda no estúdio era menos premente. O tempo livre era ocupado por "caminhadas pelo entorno da praça da República, visitas à Galeria do Rock e na busca de algum restaurante barato pelas ruelas do centro", conta Carlão. Thedy, Dante e Sady, conforme relata o baterista, estendiam os passeios pela noite, "para desbravar o Largo do Arouche, tomar chope com Steinhaeger no bar Amigo Leal, na Amaral Gurgel, jogar sinuca no Salão do Fantoche até fechar, caminhar muito pelas redondezas e se aventurar em algum bar na Consolação". Ele também lembra da interação com o pessoal do De Falla, que estava no mesmo hotel e usava o mesmo estúdio para mixar seu segundo disco, em que Sady participa: é dele a voz que emula Tim Maia cantando "Me dê Motivo" na música "Q Qué Icho", gravada no banheiro, com o gravador portátil de Edu K.

Um mês e meio depois da chegada a São Paulo, o primeiro disco estava pronto. O Nenhum de Nós só retornaria um ano mais tarde, para fazer shows em casas memoráveis como a danceteria Aeroanta, no Largo da Batata, reduto de figurinhas carimbadas do rock alternativo paulistano, como Fellini e Mercenárias, o Rose Bom Bom e o Vitória Pub. Antes de voltar para Porto Alegre, o trio pegou uma ponte aérea para o Rio de Janeiro, onde fotografou com Milton Montenegro, que estava realizando as primeiras experiências com manipulação de imagens digitalizadas, bastante adequadas para o material sonoro recém-produzido. Elas foram usadas na capa vermelha do elepê com 10 faixas e menos de 40 minutos de duração, lançado em setembro de 1987, com o título de Nenhum de Nós. De volta ao Sul, a banda fez seus dois primeiros shows fora do seu Estado, dias 31 de julho e 1º de agosto, em Curitiba, na Berlin (nos subterrâneos do Bar do Hermes, como indica o flyer).

O álbum de estreia da banda gaúcha, lançado em LP e fita cassete (e que nunca saiu na íntegra em CD), tem grande influência musical do pós-punk britânico, como The Smiths, do rock gótico, sobretudo Bauhaus, e de Oscar Wilde, HQs, Jorge Luis Borges, surrealismo, poesia concreta e literatura beat. Por conta do estado de espírito do trio, sobretudo de Thedy, que na época em que as canções foram compostas passava boa parte do tempo no hospital, convivendo com a agonia de três meses e a morte de seu pai, de câncer, resulta denso, frio e com letras bem reflexivas, como a da já citada música de abertura, "Enquanto Conversamos".

O vocalista lembra de um momento crucial: "Quando da morte de meu pai, em fevereiro de 1987, minha mãe e eu conversamos sobre as finanças da família. Ela me disse que talvez fosse necessário, em pouco tempo, que eu abandonasse os estágios que fazia e procurasse um emprego em tempo integral. Eu passaria a estudar à noite e dessa forma ajudaria nas despesas da casa. Eu pedi a ela seis meses de prazo para tentar que o projeto da banda desse certo. Se nada de promissor ocorresse nesse período, eu mudaria meu regime de dedicação, tanto da faculdade quanto da banda. Em maio nós assinamos contrato!"

"Camila, Camila", a faixa 2 do lado 1, e "People Are", a primeira que tocou em rádio da banda, têm participação de Marcelo Nadruz nos teclados; Edu K faz backing vocals em "Adeus", que antecede a bela "O Marinheiro que Perdeu as Graças do Mar", uma história sobre a melancolia de um marinheiro insatisfeito com a imobilidade da terra firme, inspirada em um livro de Yukio Mishima; a música derradeira, "Frio", tem participação de Vitor Ramil – amigo de Thedy desde 1981, quando foi lançado seu disco de estreia, *Estrela, Estrela*. O músico pelotense também participou do primeiro especial televisivo da banda, para a Rede Manchete, e mais tarde colaborou em parcerias e na escolha das músicas do terceiro álbum, *Extraño*.

O registro de "Frio" gerou um dos momentos mais tensos e ao mesmo tempo engraçados da turbulenta relação com Barriga. A banda sugeriu a gravação de Vitor, que estava no Rio de Janeiro, pelo viva-voz do telefone; o produtor, a contragosto, aceitou. A ligação foi feita na hora marcada, mas as condições técnicas da telefonia naquela época não garantiam uma qualidade satisfatória. Assim foi combinado com Vitor qual era o ponto da música em que ele entraria, para fazer uma espécie de declamação de um trecho de letra. Quando ele ouviu a gravação, sempre muito zeloso pelo trabalho, não se furtou de fazer uma observação:

– Thedy, esse violão não está meio duro, não? – referindo-se à execução um tanto "mecânica" do instrumento.

Barriga ouviu, deu um pulo na cadeira, fechou a comunicação e explodiu de raiva:

– Como ele pôde falar isso ouvindo pelo telefone, pqp!!

Enfurecido, fez menção de abortar a operação, mas como era uma música "sem muita importância", permitiu que ela fosse adiante – e não reclamou quando Dante deu o último e grandiloquente acorde de teclado do disco, justamente no final de "Frio".

Em 21 de agosto de 1987 o Nenhum de Nós começou, na Cafeteria 433 (na rua Silva Jardim, 433), uma temporada de shows que chegou a ser anunciada como a de lançamento do primeiro álbum, mas o disco atrasou. Dedé Ferlauto escreveu uma nota para a *Zero Hora*, citando Vitor Ramil, inclusive:

...a banda Nenhum de Nós (...) com apenas um ano de formação, conseguiu um contrato com gravadora multinacional (RCA). Se caracteriza pelo bom vocal e arranjos cuidadosos. Deles, Vitor Ramil disse que formam uma das bandas mais competentes que surgiram nos últimos tempos. Há quatro meses eles superlotaram o Ocidente (...) O disco tem previsão para setembro. (...) Todas as músicas do disco serão tocadas. E talvez algo de Talking Heads e Echo & the Bunnymen.

Assim que recebeu o bolachão de vinil com capa branca, que tinha "Camila, Camila" nos lados A e B, o divulgador da RCA distribuiu o disco para as emissoras gaúchas, mas os principais programadores ignoraram a faixa. Ainda havia um clima de desconfiança e a acusação de a banda ter "furado a fila" onde já estavam outros roqueiros locais. Além disso, o Nenhum de Nós foi o primeiro artista de todo o selo Plug a ganhar um *single*, ou mix promocional, disco que as gravadoras distribuíam para rádios e DJs entre 45 e 30 dias antes do lançamento do LP, o que insinuava que estaria à frente também dos demais companheiros de Plug, que não receberam a mesma atenção. O fato gerou um retardo na execução da faixa em Porto Alegre. Com o tempo, porém, as emissoras do Rio Grande do Sul, Santa Catarina e do Paraná começaram a tocar regularmente a canção dos versos "Depois da última noite de festa / chorando e esperando / amanhecer, amanhecer...", e o estouro foi inevitável.

Com a música nas rádios, o telefone da Lado Inverso passou a receber propostas de donos de casas noturnas e secretarias de cultura de cidades dos três estados sulistas chamando o Nenhum de Nós para apresentações ao vivo. Junto da agenda de shows, bem razoável para quem estava começando a carreira, vieram os compromissos de divulgação na imprensa. Nas rádios, nos jornais e nas TVs, e nos clubes ou teatros ou ginásios, fosse em Bagé ou Chapecó, Londrina ou Passo Fundo, havia três curiosidades recorrentes: a origem do nome da banda, quem era a tal Camila e, sobretudo, de onde tinham saído esses caras? Sobre "a tal Camila", por sinal, vale registrar que a garota cuja história inspirou a música nunca soube que foi feita para ela.

Até hoje a canção serve de apoio para quem passou por situações parecidas. Muitas meninas que vão ao camarim após o show de maneira discreta, e até mesmo envergonhada, por vezes dizem: "Eu sou uma Camila da vida real".

O Nenhum de Nós foi como o nerd que chegou tarde numa festa de descolados, mas foi escolhido por uma das mais belas garotas. Era um intruso indesejável, e para boa parte do meio roqueiro porto-alegrense, uma armação formada por dois guris de apartamento e um gordinho tocador de pagode, um grupo inventado por uma gravadora, com canções feitas sob medida para aproveitar um mercado ainda rentável. De fato, a banda não pertencia a nenhuma turma específica mais ligada ao rock ou algum movimento alternativo, mal tocou na rádio antes do primeiro disco e não precisou ralar nos shows coletivos para ser contratada – fez apenas sete apresentações antes de assinar. De resto, tinha um passado muito similar aos demais artistas com quem a RCA/Ariola assinou: eram jovens fissurados por música, que reverenciavam artistas ingleses e norte-americanos, pertenciam a uma geração influenciada pela máxima punk do faça-você-mesmo, e queriam levar para o mais longe que pudessem o sonho de tocar em um grupo de rock.

Na primeira vez que a banda ganhou destaque em uma grande publicação, na matéria do jornal *Zero Hora* do dia 5 de fevereiro de 1988, com o título "O Sucesso Meteórico do Nenhum de Nós", o jornalista Gilmar Eitelvein deu o tom do estranhamento com o sucesso dos novatos, a banda que "saltou do anonimato para um quase estrelato da noite para o dia":

O maior sucesso do novo rock gaúcho chama-se Nenhum de Nós. A banda entrou com toda força nas rádios brasileiras com a música "Camila, Camila", o que vem surpreendendo os próprios integrantes. (...) os músicos gaúchos também se surpreenderam quando eles saíram do nada e no outro dia já eram mais conhecidos que muitos que passaram anos batalhando um espaço. Tirada do anonimato pelo

produtor Antônio Meira (também DeFalla), Nenhum de
Nós literalmente "furou" a fila (no bom sentido, é claro)
e gravou um disco pela multinacional RCA, quando esta
estava compondo seu "cast" para inaugurar o selo Plug.
Daqui do Sul estavam garantidos Engenheiros do Hawaii,
DeFalla, Replicantes, TNT e Garotos da Rua. O espião
da gravadora, Tadeu Valério, estava de olho em bandas
como Apartheid, Prize, Julio Reny e Cascavelletes, quando
Antônio Meira desembarcou com uma fita, direto em seus
escritórios, fechando contrato na hora. (...) A surpresa tem
sido tão grande que pegou a banda ainda verde para as
apresentações em palco, problema que eles vêm superando
com muito trabalho diante da enorme quantidade de shows
que tem aparecido. (...) O primeiro LP saiu em outubro
do ano passado. (...) Quem já ouviu todo o disco já sabe
também que é difícil caracterizá-lo em virtude da variada
influência que habita suas três cabeças. "Adoro David Bowie
(...) e curto muito também Jim Morrison (do The Doors)",
confessa Thedy Corrêa. "Já o Carlos é apaixonado pelo
Johnny Marr (guitarrista do ex-Smiths) e o Sady curte Rush".
O resultado só podia ter uma cara bem variada, envolvendo
música "branca" e "negra", som progressivo e também
experimentos de estúdio (como a cuíca que marca a música
"Frio", ou o coral feito por um sintetizador, na música "O
Marinheiro que Perdeu As Graças do Mar". Embora busque
uma sonoridade bem atual – "assinamos o disco com uma
cara bem pós-moderna, aquele negócio do prédio todo de
vidro com colunas clássicas embaixo", explica o vocalista
– a influência confessa é dos anos 80, embora bastante
difusa, via Led Zeppelin, nem tão pesado.

O disco inteiro tem uma marca bem pessoal do grupo no que diz respeito às letras. Eles cercaram todo o disco falando da solidão das cidades, a angústia e a depressão que habita seus seres – caso explícito da música "Homens-Caixa".

Em 6 de novembro de 1987 a banda teve a primeira experiência fora do Sul do país, quando participou da abertura do festival de bandas do selo Plug, realizado durante três dias, no histórico palco do Canecão, do Rio de Janeiro. Desconhecidos do público, com reduzido espaço na mídia, sem o disco conhecido nacionalmente, os gaúchos tocaram canções próprias ("Camila, Camila", "People Are", "O Que Clark Kent Não Viu" e as novas "Eu Caminhava" e "Afastado"), e *covers* para "Starman", de Bowie, "Shades", de Iggy Pop, e "Tô à Toa Tókio", de Lobão, durante meia hora, espremidos entre os cariocas do Black Future e os brasilienses do Obina Shock. O jornalista Carlos Albuquerque escreveu algumas linhas para a revista *Bizz*:

O Nenhum de Nós tocou na sexta-feira, durante meia hora, tempo insuficiente para mostrar se possui um som próprio. Fica a dúvida.

De volta pra fazer shows pelo Sul até o final da temporada, eventualmente com o tecladista convidado Marcelo Nadruz em cena, a banda tocou pela primeira vez em mais um local emblemático de Porto Alegre, o Auditório Araújo Vianna, em 10 de dezembro de 1987, com o De Falla.

Mil novecentos e oitenta e oito, o ano em que o Brasil finalmente ganhou uma nova Constituição, que garantia a liberdade de expressão intelectual e de imprensa, começou muito bom para os roqueiros, eternos contestadores, também por conta da primeira edição da "fase moderna" do Hollywood Rock Festival, em janeiro, no Rio de Janeiro e em São Paulo, em que brasileiros como Titãs, Paralamas, Marina e Lulu Santos tocaram antes dos *headliners* gringos The Pretenders, Simple Minds, Duran Duran e Supertramp – vale registrar que o primeiro evento com o nome Hollywood Rock foi organizado em 1975, por Nelson Motta, no Rio, só com artistas nacionais, como Erasmo Carlos, Raul Seixas, Os Mutantes e Rita Lee. Nada mal.

Longe dos festivais, o Nenhum de Nós seguia na sua toada de muitos shows pelo Sul, mas ainda com pouco reconhecimento nacional. O contraste entre o bom desempenho local e a tímida presença no mercado brasileiro causava o temor de que o contrato com a gravadora não fosse renovado. Em maio, porém, a banda ganhou "a chance" de entrar em estúdio novamente, pressionada por um resultado melhor, com um novo contrato bastante simplório da gravadora RCA, representada por Mihail Plopschi e Melchiades Durán, desta vez de duas páginas de frente e verso, que se referia a "renovação para mais um disco do tipo LP, contendo dez ou doze obras, pelo prazo de um ano".

Enquanto registrava as bases do que se transformou em *Cardume*, o Nenhum de Nós viu "Camila, Camila" entrar na programação da influente Rádio Cidade, do Rio de Janeiro. Rapidamente a RCA percebeu uma oportunidade e passou a investir na música, o que incluiu a execução maciça nas rádios mais ouvidas do segmento e a escalação da banda em um circuito de TV que incluía do *Globo de Ouro* a muitas edições do vespertino programa da Rainha dos Baixinhos. A presença no *Xou da Xuxa* indicava um novo patamar do sucesso de "Camila, Camila", que tinha transcendido o universo (então) elitista das rádios FMs e atingido também as populares cas emissoras AM. O jornal *Última Hora*, do Rio, entrevistou Thedy para tentar entender o fenômeno:

A música, assim que saiu no Sul, estourou logo. Depois foi estourando pelas próprias pernas, pois seu potencial era grande e quem estava trabalhando com ela sentia isso. O pessoal de rádio abraçou a causa da música e executou-a bem, porque gostava dela. Além disso teve a divulgação boca a boca, que demora a chegar... É difícil fazer uma música estourar quando ela fala de violência contra a mulher.

O sucesso de "Camila, Camila" também se refletiu na agenda de shows, que começou a superar a média de dez por mês. Em novembro, veio a temporada de estreia no Teatro Ipanema, do Rio de Janeiro, com quatro apresentações, reprisando a velha tática que Tonho Meira usava nos tempos de Raiz de Pedra. O jornalista Arthur Dapieve, do *Jornal do Brasil*, foi no primeiro dia e escreveu a respeito, na matéria publicada em 4 de novembro de 1988, com o título "Verde e Honesto":

Nenhum de Nós é um grupo verde e este fato não tem a menor conotação política. No universo do rock onde mais dramaticamente do que em qualquer outro, mais radicalmente que na vida, a maturidade está a um passo da podridão, esta imaturidade é um trunfo... (O Nenhum de Nós encarna) fugazmente a essência do rock'n' roll: uns caras passeando a pé por temas cotidianos, insegurança, desamor, solidão, desesperança... É triste que a estreia tenha recolhido apenas uma centena de gatos chuviscados. Mais ainda: é injusto. Dificilmente essa cidade corrompida poderá te oferecer algo de mais honesto nesse final de semana.

O ano de 1988 fechou com mais de 70 shows e criou uma inesperada rotina de cerca de 20 dias longe de casa para os "caras que apareciam toda hora na TV". Para manter o pique em 1989, a produtora

Lado Inverso organizou uma turnê coletiva com três de seus artistas, Nenhum de Nós, De Falla e Replicantes, já na primeira semana de janeiro. Eles prometeram um "som alucinante" e tocaram durante três horas, ininterruptamente, em duas das casas então mais importantes para o cenário roqueiro nacional, o Circo Voador, no Rio, dia 5 de janeiro de 1989, e o Projeto SP, em São Paulo (que também tinha uma cara de circo), dia 8 de janeiro. Além do rock, o trio gaúcho levou para as capitais mais importantes do país um texto, bastante irônico, de protesto e autoafirmação, que foi escrito coletivamente em dezembro de 1988, chamado Manifesto do Sangue:

Só o sangue nos une. Socialmente, economicamente, filosoficamente. / Nosso som é vagabundo. Nossa atitude é vagabunda. Somos heróis. / O rock brasileiro às vezes parece gostar ou querer assumir uma postura confortável, tipo MPB. O manifesto é pela revagabundização do rock, pelo som de garagem, característico das bandas gaúchas / porque vivemos na capital do rock. / Manifestamos nosso descompromisso com o rock brasileiro. Pensando bem, com todo rock do mundo. Vão se f*. / Não somos entendidos, pois não sabemos nos fazer entender. Somente fazemos o que fazemos, nada mais que isso. / Transitaremos por todos os lugares, quer queiram ou não. Desde que alguns gaúchos amarraram seus cavalos no obelisco, os cariocas consideram-nos arrogantes. Como, para chegar no Rio, eles tiveram que passar por São Paulo e não pararam, os paulistas consideram-nos mal-educados. Castigos justos por amarrar cavalos em obelisco alheio. / Duas notas chegam para mim. Dois acordes repetidos sem fim. / Do rumor ao fedor, não há barreira a transpor. / O que será do interesse dos que moram ao centro ao saber que além de

não termos mais nada de novo a dizer-lhes, ainda por cima
resolvemos ficar ali também? / Todo mundo precisa de um
lugar para voltar. / A opção fundamental de retornar ao Sul.

Manifesto à parte, a Bizz publicou uma reportagem de três páginas na edição de maio de 1989 para tentar explicar o fenômeno "Camila, Camila", com o título "Tudo por Causa de Uma Mulher", e declarações de Thedy e Carlão para a jornalista Sônia Maia:

Thedy: "Em Minas Gerais surgiu quem achasse que era
uma história de amor homossexual, no Rio acharam que
seria uma 'mina' mais velha que fazia do cara de 17 anos o
que bem entendia. (...) Chegamos até a ser procurados por
algumas organizações femininas, que agradeceram por
termos tocado no assunto."
Carlão: "Não temos qualquer pretensão de nos tornarmos
grandiosos, e nossa postura não mudou nada com o
sucesso, apenas foi aumentando o número de pessoas
nos shows. Somos, às vezes, reconhecidos na rua, o que
nos gratifica. Mas é como quando tu é guri e ganha um
autorama."

"Camila, Camila" continuou em evidência até o momento em que
o Nenhum de Nós estourou "O Astronauta de Mármore", a música
mais executada nas rádios brasileiras em 1989. Encantados pela releitura, os fãs pararam de comprar o disco de estreia para investir
em Cardume, e a canção composta para criticar a postura machista
do namorado de uma amiga da banda só voltou a ser notícia ao ser
gravada por Cazuza, em cima de uma cama adaptada de um estúdio, com a ajuda da cantora Sandra de Sá. Ela é a faixa 5 de Por Aí
(de 1991), álbum póstumo do ex-vocalista do Barão Vermelho, que

morreu em 1990. O disco tem sobras de estúdio de *Burguesia*, que ele gravou já bastante debilitado, e lançou em 1989.

As vendas do primeiro disco do Nenhum de Nós bateram nas 32 mil cópias, número bom para um trabalho de estreia de um selo que se propunha a descobrir novos talentos. Paradoxalmente ao desempenho comercial, porém, os primeiros momentos da banda geraram resenhas negativas, que partiam da constatação, bastante óbvia, da inexperiência no estúdio e dos shows irregulares, que dependiam muito da atitude do público. Atraídas basicamente pelo sucesso radiofônico de "Camila, Camila", as plateias forçavam o Nenhum de Nós a incluir o hit no começo e no fim do repertório, pra que todo mundo fosse feliz pra casa. Ainda despreparados para um mercado extremamente competitivo, os integrantes assumiram uma postura defensiva diante das dificuldades iniciais, entre "a incompreensão, o isolamento e o ressentimento", como analisa Carlão.

Para Dante Longo, o sucesso pegou os três de surpresa: "De repente eles saíram de shows no Cais Entre Nós ou na Crocodilos para a gravação de um disco que estourou uma música. Quando começou a animosidade, creio que faltou um pouco de sarcasmo e ironia, mas como eles não têm esta característica pessoal, acabavam se ofendendo e respondendo as críticas sem muito jogo de cintura."

Era só o começo. Se o surgimento meteórico causou espanto, a releitura para uma canção que falava de um homem das estrelas repercutiu muito mais. Para o bem, e para o mal.

7.
TEMPOS DE GLÓRIA

O hotel Jandaia, da Rua Duque de Caxias, localizado no centro da maior cidade do país, era uma espécie de "casa dos artistas" da época, cravado entre lojas de equipamentos para motos, sex shops, lojas de vídeos eróticos e *peep shows*, e seus inevitáveis personagens de literatura, mais para *pulp fiction* do que para um romance parnasiano, evidentemente. Antigo e simples, com uma apropriada decadência elegante, o Jandaia foi QG da turma do Nenhum de Nós durante a gravação de seu segundo disco. Bastante familiar, o lugar propiciou que a banda se entrosasse rapidamente com seus porteiros, atendentes, recepcionistas e garçons, e vivesse momentos de intensa emoção (e vacilo) com alguns artistas que gravitavam por lá: um dia Thedy entrou no elevador e deparou com Nelson Gonçalves, ficou pensando se contava a influência do *crooner* em sua escolha como vocalista da banda mas, "no curto espaço de tempo, tomado pela timidez e pela emoção, quase nem vi quando ele saltou antes de mim. Me arrependo até hoje de não ter falado com ele." A experiência se tornou tão inesquecível quanto conviver com o folclórico Tarzan, o motorista de táxi "oficial" do hotel, amigo de todos os artistas que passavam por lá, fofoqueiro de plantão e contador de histórias nato. Com ele no volante, não havia silêncio, nem meias palavras. Uma de suas reclamações virou um mantra que o trio adotou naquele mês:

– Tudo isso aqui era do *Curíntia*. O *Vicentimateu*, filhadaputa, vendeu tudo.

Diferente do que alardeava Tarzan, a realidade mostrava que o primeiro disco do Nenhum de Nós tinha vendido muito pouco quando a banda voltou ao estúdio da BMG, o que ajudou a fragilizar os argumentos de Thedy, Carlão e Sady nas discussões com o produtor Reinaldo Barriga, que continuava dividindo seu tempo entre a direção artística do Plug e as (poucas) horas de estúdio. Por conta disso, algumas sessões de gravação se tornavam traumáticas, por mais que o trio estivesse calejado pela experiência do disco de estreia. A tentativa de Barriga aproximar o som do Nenhum de Nós ao dos conterrâneos TNT e Garotos da Rua, que ele também produziu e gostava muito, colaborava para distanciar a relação.

Além disso havia uma questão técnica: amante de inovações tecnológicas, ao ponto de ter sido o pioneiro no uso de *samplers* em um disco brasileiro (com o De Falla, em *It's Fucking to Death*, também lançado em 1988), o produtor queria imprimir uma sonoridade diferente a partir de um novíssimo sistema na bateria, extremamente complicado e delicado, com direito a uns microfones grudados na pele de Sady – a rigor, novamente tratava-se do uso de *samplers*. Thedy recorda que, "por mais que estivesse evoluindo como músico, o baterista não estava maduro para experimentar aquelas traquitanas, e a banda levou metade do tempo de gravação tentando acertar as baterias". Sady explica: "Levei uma tunda do sistema montado com microfones de contato ligados ao *sampler* Roland SP1200. Desconhecendo seus parâmetros de regulagem, comecei a bater cada vez com mais força no afã de registrar algo. Fomos salvos desse bisonho método de tentativa e erro pelo Albino Infantozzi, *session drummer* com vasta experiência em estúdio. Era dele todo o equipamento alugado para a gravação de bateria. Um dia chegou ao estúdio e se apavorou ao ver como eu espancava a bateria. Com paciência monástica me tranquilizou, ajustou a forma de gravação, conversou com o Barriga e ministrou um 'pronto-socorro de gravação de bateria', que considero uma das melhores aulas até hoje."

O produtor lembrava o primeiro trabalho e continuava ameaçando não voltar no dia seguinte, antes de repetir a frase "o disco é seu, façam como quiserem". Seus métodos de persuasão podiam não ser os mais corretos para mobilizar o Nenhum de Nós, mas ele estava certo ao apontar fragilidades no repertório, que ainda não tinha a consistência necessária para render um bom disco. A própria banda reconhecia essa deficiência. Ao serem submetidos a uma rotina inédita de shows e viagens de uma hora para a outra, seus integrantes não tiveram o tempo suficiente para trabalhar as novas músicas. Por outro lado, pelo menos o conceito do que eles gostariam de fazer estava claro: um lado folk, mais acústico e bucólico, feito uma MPB mais energizada, outro mais pesado, algo entre o R.E.M., o velho Bruce Springsteen com timbres dos anos 60, e *Hunky Dory*, de David Bowie – mas nunca a gravação de alguma faixa desse disco, o que acabou acontecendo com "Starman".

Na medida em que as gravações foram evoluindo, com guitarras um tanto mais pesadas do que no álbum de estreia, veio a desconfiança de que outro petardo certeiro como "Camila, Camila" não surgiria tão naturalmente. "Eu Caminhava" tinha sido previamente elaborada com uma solução rítmica francamente inspirada na música de trabalho do primeiro disco, mas o produtor não se convenceu de que seria um grande sucesso. Pesada e dramática, "Cardume", que depois ganhou vocais de Wander Wildner, do Replicantes – a banda que Thedy, Carlão e Sady consideravam a "mais clássica do cenário gaúcho" –, e acabou dando nome ao álbum, também foi uma aposta do trio que não agradou Barriga.

"Fuga", a faixa 1 do lado B do vinil, tinha outra função. Surgiu como o primeiro movimento concreto na introdução de elementos de música regional gaúcha no trabalho da banda, o que futuramente se tornou sua marca registrada. Para começar com consistência, Renato Borghetti foi convidado a fazer um solo de gaita ponto na faixa. Tímido e cabeludo feito um roqueiro clássico, ele tinha conquistado a gurizada do Sul por dar um sopro de juventude à conservadora música nativista, e logo depois os fãs de música instrumental do país, ao conectar brilhantemente os sons regionais ao jazz. Seu primeiro disco, *Gaita Ponto*, de 1984, vendeu incríveis 100 mil cópias.

A participação de Borghettinho, que levou junto o seu violonista, preconizou o futuro do Nenhum de Nós em dose dupla. Além de emprestar as primeiras notas da nova sonoridade desejada, ele apresentou o músico que tornou possível aprofundar o conceito. Veco Marques, que até então acompanhava o gaiteiro, se incorporou à banda na turnê de *Cardume*, e nunca mais saiu – uma curiosidade a respeito do registro de "Fuga" é que, na hora em que os músicos convidados compareceram ao estúdio, não havia técnico de som, muito menos produtor no local, e o próprio Thedy registrou os sons de gaita e violão, dentro de suas compreensíveis limitações técnicas para a tarefa.

Por intermédio de Simone Lima, uma amiga da banda gaúcha que era RP da danceteria Rose Bom Bom, o roqueiro Giuseppe Frippi tocou guitarra em "O Astronauta de Mármore". Outros músicos do underground paulistano que participaram das gravações de *Cardume* foram JC, da banda Gueto, que fez os vocais em "Strip-tease Baby" (cuja letra foi escrita por Tonho Meira), e Sergio Sá, ex-tecladista do Joelho de Porco que tocou clavinete – anteriormente conhecido como Paul Brian, ele foi indicado por Barriga.

A gravação da versão em português de "Starman", já no final das sessões, além do estouro de "Camila, Camila", serviram para apaziguar os ânimos entre artista e produtor, mas, assim que o disco estava encaminhado, algumas medidas de contenção de despesas entraram no pacote. Com a gravação das baterias e percussões encerradas, Sady foi mandado de volta para Porto Alegre, prejudicando o conceito fundamental de parceria irrestrita da banda, e aumentando a insatisfação do angustiado Carlão. Para acalmar o guitarrista, e aproveitando que o quarto dividido em duas peças permitia certa privacidade, Thedy sugeriu, e ele aceitou, a presença de sua namorada, Yula, que compartilhou a semana que restava de gravações.

O vocalista e baixista permaneceu solo em São Paulo, colocou as vozes, acompanhou as mixagens. Ou melhor, praticamente fez as mixagens: "O Valtinho, técnico de som, simplesmente levantava da cadeira e saía do estúdio, dizendo pra eu ficar mexendo nas músicas como eu quisesse, e voltava horas depois". Com o disco pronto, faltava escolher a música de trabalho. O Departamento de Marketing da BMG fez uma lista com cinco faixas, e não incluiu "O Astronauta de Mármore". A gravadora lançou o mix promocional com "Eu Caminhava", mas os primeiros passos não foram na velocidade que se esperava. No meio desse caminho, surgiu o então coordenador da Rádio Cidade do Rio de Janeiro, Eduardo Andrews, uma lenda do radialismo musical brasileiro, que trabalhou em diversas emissoras top cariocas e paulistas, como Manchete FM, Transamérica, RPC, JB FM, FM O Dia e 89 FM. Convicto de que "Eu Caminhava" não tinha o peso necessário para substituir a faixa que alavancou o disco de estreia, Andrews ouviu *Cardume* do começo ao fim e resolveu virar a música de trabalho. Apostou em "O Astronauta de Mármore", turbinou a execução e construiu outro grande hit, logo replicado pelas FMs de todo o país.

Em muito pouco tempo, a faixa 2 do Lado B de *Cardume* passou a frequentar as mesmas rádios FM e AM que consagraram "Camila, Camila", e as listas das mais pedidas nas emissoras cariocas. Em São Paulo, a música foi a mais tocada nas FMs a partir da primeira semana de julho. No top 10 nacional daquele mês, "O Astronauta de Mármore" liderava, à frente de "Carta aos Missionários" (Uns e Outros), "Spanish Eyes" (Madonna), "Uma Barata Chamada Kafka" (Inimigos do Rei), "Like a Prayer" (Madonna), "There's Never a Forever Thing" (A-ha), "Just Another Day" (Oingo Boingo), "Eclipse Oculto" (Barão Vermelho), "Volta Comigo" (Ultraje a Rigor) e "Não Vou me Adaptar" (Titãs). Na TV, a releitura rendeu o primeiro videoclipe do Nenhum de Nós, feito por Ignácio Coqueiro. Pelas mãos do diretor de novelas globais como *Tenda dos Milagres*, *Bambolê* e *Mulheres de Areia*, "O Astronauta de Mármore" ganhou o tradicional clima new age dos vídeos do *Fantástico* – que em um programa do fim do ano decretou que só "Bem que se Quis", com Marisa Monte, ameaçou o reinado da canção.

A adaptação em português para "Starman" alavancou as vendas de *Cardume*, lançado em LP e fita cassete (e mais tarde também em CD), que conquistou Disco de Ouro em quatro meses, bateu nas 210 mil cópias vendidas e lotou a agenda de shows e de aparições em programas de TV nacionais, o que implicava diretamente nas execuções radiofônicas, e acarretava em mais vendas, no ciclo perfeito de realimentação que fazia a roda da indústria fonográfica girar. Em meio ao sucesso massivo, a gravadora simplesmente esqueceu de renovar ou aditar o contrato de um ano assinado em maio de 1988, o que deixou o Nenhum de Nós, um de seus artistas mais valiosos naquele ano, livre. Em junho, a banda contratou o advogado português Coelho Ribeiro para representá-la na negociação e assinatura de um novo

O trio assina seu terceiro contrato com a BMG
(antiga RCA) tendo ao fundo o advogado, amigo
e conselheiro, Antônio Coelho Ribeiro, em 1990
Foto: Divulgação

contrato, que foi lavrado em 24 de novembro de 1989, pela gravadora BMG, representada por seu presidente, Manuel Valls Camero,
e previa a renovação por mais três discos, com um adiantamento em
dinheiro e outras práticas recorrentes dos bons tempos da indústria
fonográfica, como suporte para turnês, escalas proporcionais de re-
torno/investimento e custo fixo estimado de estúdio. Com o dinheiro,
os velhos amigos de escola que realizaram o sonho dourado de viver
de música compraram seus apartamentos.

Se garantia conforto e boas perspectivas futuras, o fator "O Astronauta de Mármore" deixou o trio em situação ainda mais conflitu-
osa com a crítica, que recorria em resenhas negativas, e também com
alguns colegas de rock. Em junho de 1989, a jornalista Marisa Adán
Gil, ao escrever para a *Bizz*, a então mais influente revista especializada em música no Brasil, sobre o show da banda no Dama Xoc (SP),
usou a frase "o Nenhum de Nós cometeu 'O Astronauta de Mármore', assassinando 'Starman', de David Bowie" – por outro lado, elogia "Sweetbum Zack", descrita como "um blues que mostra que eles
podem se entender bem com seus instrumentos, além de revelar o
potencial de Thedy como vocalista"; "O Que Clark Kent Não Viu", que
"consegue animar o bando de garotos que se agita na pista e aplau-
de entusiasticamente o primeiro funk da noite; e "Strip-Tease Baby",
eleita como "a faixa mais forte do novo LP, que conta com a participação (no vinil e no palco do Dama Xoc) de Júlio César, do Gueto."

Em julho de 1989, ao resenhar o segundo disco, o crítico Celso
Masson qualificou a versão de "Starman" como "lastimável". Na re-
trospectiva do ano, com o título "Astronautas, Baratas e Missioná-
rios", a *Bizz* destacou o sucesso radiofônico de Uns e Outros, com
"Carta aos Missionários", Nenhum de Nós, com "O Astronauta de
Mármore", e Inimigos do Rei, com "Uma Barata Chamada Kafka" e
"Adelaide" (versão para "You'll Be Illin", do Run D.M.C.). O texto so-

bre a banda gaúcha partiu da constatação de que as versões foram o grande sintoma da falta de originalidade reinante.

"O Nenhum de Nós começou sendo atacado por alguns roqueiros gaúchos, que destilavam indiretas em entrevistas, acusações para promotores de shows de que não sabíamos tocar e declarações como a de Carlos Maltz, dos Engenheiros do Hawaii, em tom de deboche, quando lançamos *Extraño*, de que só faltava a banda subir de bombacha no palco", conta Thedy. "A partir do sucesso nacional começamos a ser criticados por roqueiros como Marcelo Nova, Lobão, Arnaldo Antunes e Renato Russo. Nos tornamos 'os caras que assassinaram o David Bowie'. Tudo bem não gostarem da música, mas não era motivo para nos massacrarem."

Em julho de 1990, na edição de cinco anos, a *Bizz* fez uma reportagem especial sobre a manutenção do sucesso de Uns e Outros, Nenhum de Nós e Inimigos do Rei. O texto de abertura vem com a frase "o pop rock brasileiro atravessa uma séria estagnação", e em seguida a dúvida: será que eles representam renovação?

Entre as declarações dos integrantes do Nenhum de Nós na bem-humorada entrevista concedida ao então repórter Carlos Eduardo Miranda, Thedy e Carlão falam...

... de sucesso:

"Todo mundo ficou achando que a gente era armação da gravadora. Não éramos conhecidos nem no Rio Grande. A gente sofre até hoje por isso, a imprensa regional faz olho branco pra nós. Quando ganhamos o disco de ouro, a gravadora teve que pagar pra sair no jornal.";

...da BMG (sobre a divulgação dos dois primeiros trabalhos):

"Os discos foram simplesmente atirados no mercado (...) mesmo depois de 'Camila' isso continuou. E Cardume só teve divulgação depois que 'O Astronauta de Mármore' estourou";

...de "O Astronauta de Mármore":

"Nós tínhamos preconceito com versões, nunca fica legal (...) Pode ter certeza, o dia em que o Bowie tocar aqui vai ser obrigado a tocar 'Starman'";

...sobre o rock no Brasil em 1990:

"Acho que vai haver uma estratificação no mercado de rock (...) Nossa maior influência em termos de música nacional foi da MPB. Da postura – não do comportamento – tivemos uma influência grande do Replicantes (Thedy)" / "E nós temos gostos e influências radicalmente diferentes. Uma das poucas unanimidades é o Luís Carlos Borges (...) Nós buscamos uma identidade de banda gaúcha" (Carlão);

...sobre o rock internacional e leituras:

"Eu tenho ouvido Smiths, pela guitarra do Johnny Marr, o R.E.M., o próprio Bowie e o Billy Bragg, que nos influenciou bastante." (Carlão) / "Já o Sady gosta de Rush, Bill Bruford, Genesis. Gosta também de samba (...) O Sady é o mais progressivo da banda, musicalmente. No comportamento é o mais regressivo, suas leituras prediletas são o Planeta Diário e a Casseta" (Thedy) / "Eu ando lendo a última edição encadernada do Watchmen" (Carlão) / "Eu sou fanático por quadrinhos, mas ando lendo bastante poesia. Maiakovsky, Cummings. Em música eu tenho escutado Pogues e Stone Roses. Como cantor tem uns básicos na minha formação: Iggy Pop, Bowie, Jim Morrison e Bruce Springsteen." (Thedy)

...sobre o comportamento com o sucesso:

"O Carlão é caseiro. O Sady é o que mais gosta de gandaia. Eu também gosto, mas não como o Sady. Beber é mais pra depois dos shows, e junto com a equipe técnica, que é como uma família. Mas nas turnês, é muita gandaia e baixaria." (Thedy)

Na mesma edição, a revista traz depoimentos de roqueiros sobre as três bandas do especial:

"O Nenhum de Nós, francamente, acho um certo equívoco. Não queria ficar criando rixas dentro de uma coisa que já é tão difícil de unir, mas pessoalmente não tenho o menor apego a eles. Têm de aprender a tocar, a cantar, a fazer uma porção de coisas antes. Fazem sucesso e pronto, mas não são um grupo tão importante assim." **(Ritchie)**

"Só conheço essas bandas através das rádios e, particularmente, acho que não são uma nova geração (...) Mas acho bom essas bandas terem entrado, é sinal de que elas tinham algo a dizer." **(Nando Reis)**

"Uns e Outros é um clone da Legião, Inimigos do Rei, um clone engraçadinho dos Titãs. Nenhum de Nós não é clone de ninguém, é uma banda da mesma safra do Engenheiros do Hawaii, mais pop e honesta." **(Kid Vinil)**

"Não foi difícil pra essas bandas tocar no rádio. O próprio rádio dá sinais do que quer (...) Nenhum de Nós não teve apoio da gravadora – acho que a música do Bowie ajudou... (...) É preciso que haja tempo para essas bandas amadurecerem, criarem identidade." **(Humberto Gessinger)**

"O Nenhum de Nós é relativamente bom, não tanto quanto Inimigos, como banda, mas as letras são pretensiosas" **(Eduardo Dusek)**

"Não são representativos do que é o rock hoje em dia, e sim artistas que deram certo a nível de público (...). Não consideraria nenhum dos três exatamente um grupo de rock." **(Frejat)**

"Você está querendo que eu faça um comentário sobre uma piada. Estes meninos estão brincando de serem artistas. Vocês sabem que todos os músicos leem a Bizz, então quando querem fazer picuinha é só falar mal um do outro na revista. Eu quero dar um recado a eles: eu os amo todos. Espero que continuem fazendo sempre o dever de casa, caprichando na cópia, no recreio. Assim, quando acabar o ano, a tia dá bombom para todos." **(Marcelo Nova)**

Neste período, uma nota na coluna de Tárik de Souza, no *Jornal do Brasil*, foi emblemática. Renato Russo declarou que "tem banda aí que pensa que fazer rock'n'roll é gravar uma versão do David Bowie, em vez de cair na estrada". Admirador do vocalista da Legião Urbana, Thedy consultou Coelho Ribeiro, advogado tanto do grupo de Brasília como da banda gaúcha, pediu o telefone e ligou para Renato Russo, "para tentar tirar a má impressão que ele tinha da banda".

– Falei merda, né? – foi a primeira frase que Thedy ouviu.

– Cara, você tá certo em ligar, aliás, deve botar a boca e falar, a galera tá com inveja do sucesso que vocês estão fazendo. As pessoas estão se divertindo em falar mal de vocês.

O telefonema durou mais de meia hora, tempo no qual o líder da Legião Urbana deu diversos conselhos de como lidar com as críticas. No dia seguinte, na mesma coluna, Tárik publicou outra nota sobre o mesmo tema. Renato Russo tinha ligado para o jornalista e dito que "pisou na bola com o Nenhum de Nós. Os caras estão batalhando por seu espaço".

Se Renato se desculpou, a *Veja* conseguiu piorar as coisas mis-
turando alhos com bugalhos justamente em uma reportagem sobre o
grande sucesso da Legião Urbana, intitulada "O Novo Rei do Rock",
na edição de 17 de outubro de 1990. Ao abordar tumultos gerados
em shows da banda de Brasília, o Nenhum de Nós é citado como um
dos propulsores de um tal "rock violência" – também praticado pelo
grupo de "rock pesado" Ramones...

*As atuações do Legião Urbana que acabam em tumulto são
uma das pontas (...) de um fenômeno que habita os shows
de música jovem: o do rock violência. Assim como o Legião,
o Sepultura, de Belo Horizonte, ou Nenhum de Nós, do Rio
Grande do Sul, costumam criar faíscas de tensão que logo
detonam explosões caso na plateia existam integrantes de
gangues organizadas que hoje acorrem aos shows de rock.
Herdeiras do punk e dos skinheads ingleses, essas turmas
jogam pesado (...) Há três anos, um desses grupos, os
Carecas do ABC, protagonizou um tumulto memorável num
show do grupo de rock pesado Ramones, no Palace, em São
Paulo.*

Em novembro, a revista publicou uma carta de protesto, assinada
por Thedy Corrêa:

*Na reportagem **O Novo Rei do Rock** (17 de outubro), o
conjunto Nenhum de Nós, a qual pertenço, é citado como
um dos grupos que difundem o "rock violência" e incitam
a plateia a atitudes agressivas provocando até confrontos
físicos. Acredito tratar-se de um desastroso engano. Na
história da banda não existe um único fato que possibilitou*

ou favoreceu atitudes assim em nossas apresentações. A imagem pacífica do Nenhum de Nós ficou deturpada perante contratantes de todo o país e, principalmente, perante o nosso público.

Em outro tom, a mesma *Veja*, na edição de 9 de janeiro de 1991, analisou em quatro páginas a volta das versões às paradas de sucesso, com o título "Para Brasileiro Ver" e destaque para "O Astronauta de Mármore", citada como a propulsora desse fenômeno – por esse motivo, a foto que abre a reportagem é de Thedy em ação, e ao lado dela está transcrito um trecho da letra do Nenhum de Nós.

Os compositores que têm ganhado pontos na música brasileira atual são figurinhas carimbadas da canção de todos os tempos, como os beatles John Lennon e Paul McCartney. Músicas de ídolos do passado como esses, vestidas com letras em português, vêm invadindo as rádios com incrível velocidade, configurando um modismo que há tempos não se via na MPB: a onda das versões. (...) Pergunte-se a 10 ouvintes de rádios quais as músicas que eles mais ouviram nos últimos tempos. A maioria alinhará em sua lista faixas como a versão de Kiko Zambianchi para "Hey Jude", dos Beatles, "O Astronauta de Mármore", do grupo Nenhum de Nós (...), a interpretação da banda de rock Engenheiros do Hawaii para "Era um Garoto que como eu Amava os Beatles e os Rolling Stones" (...) e "Smile", de Charlie Chaplin, na voz de Djavan. (...) os sertanejos entraram na nova onda com vontade. (...) O cantor Dalvan incluiu em seu último LP a música "Agora ou Nunca", nada mais do que uma recriação cabocla do "O Sole Mio"

(...) "Anos atrás, se gravássemos uma versão, as rádios sertanejas nos marginalizavam", diz Dalvan. "Hoje é a fórmula do sucesso". (...) Costuma-se dizer que as versões ajudam o ouvinte a entender o texto original da letra. Ledo engano. Na maioria das músicas a letra em português nada tem a ver com a língua em que foi escrita. (...) "Hey Jude", cantada por Kiko Zambianchi, dá apenas uma ideia pálida da letra de John Lennon e Paul McCartney. É o que acontece também com "O Astronauta de Mármore", a precursora da onda brasileira de versões: "A letra é inspirada no conjunto da obra do compositor, e não apenas na música traduzida – Nós até colocamos um violino no arranjo, que é uma homenagem a Bob Dylan, cantor que Bowie adora", explica Thedy Corrêa, líder do conjunto. O sucesso foi tão estrondoso que, a bordo dessa música, o Nenhum de Nós conseguiu uma proeza inimaginável. Quando Bowie, em sua recente turnê pelo Brasil, entoava "Starman", a plateia inteira cantava junto - só que com a letra em português.

A popularidade ascendente levou o Nenhum de Nós a um novo circuito de eventos – a crítica especializada e o público médio definitivamente estavam de lados diferentes. Em uma de suas estadas no Rio de Janeiro para o trabalho de divulgação, a banda aproveitou um final de semana para fazer *playbacks* em grandes galpões na periferia da cidade, onde ocorriam os bailes funk (preferiu não voltar por considerar desrespeito ao público). A consistente indústria em torno desses shows atraía multidões, e artistas com alguma visibilidade chegavam a fazer cinco ou seis por noite. O esquema era simples: um táxi contratado pegava os integrantes no hotel e seguia na direção da periferia, "a 160 por hora", relata Dante Longo, "para chegar em alguns clubes nos quais se apresentaram sobre mesas de pingue-pongue". Carlão lembra que "carregava uma guitarra, enquanto Sady levava uma caixa de bateria e um prato, eles fingiam tocar 'Camila, Camila', 'O Astronauta de Mármore', uma terceira música (que, a rigor, ninguém conhecia), novamente 'Camila, Camila' e 'O Astronauta de Mármore', voltavam para o táxi e seguiam para outro baile".

No caso da banda gaúcha, o contratante Edvan pagou religiosamente os serviços prestados, em dinheiro (um bom dinheiro), mas boa parte das apresentações em bailes funk eram uma troca pela presença no programa apresentado por Abelardo Barbosa, em uma das mais conhecidas práticas (não-reconhecidas) de jabá no Brasil. No livro *Chacrinha – A Biografia*, escrito por Denilson Monteiro, Leleco Barbosa, filho do apresentador, relata que "havia uma permuta entre a produção e os artistas, que participavam dos shows que seu pai promovia pelo subúrbio carioca". Leleco, todavia, argumentou em uma entrevista para a *Folha de S. Paulo* que se tratava de troca de interesses, pois não havia dinheiro envolvido.

Entre bailes funk, shows em clubes, danceterias, salões de igreja e praças municipais, o Nenhum de Nós passava tanto tempo na estrada naqueles tempos de glória que não era raro algum integrante chegar em uma cidade do interior, pedir uma ligação a cobrar, ouvir da telefonista a pergunta "de onde o senhor está falando?", e ter que encontrar o guia telefônico ou algum papel timbrado do hotel para descobrir, afinal, a que lugar deste país continental a banda tinha chegado.

Tinha chegado muito longe.

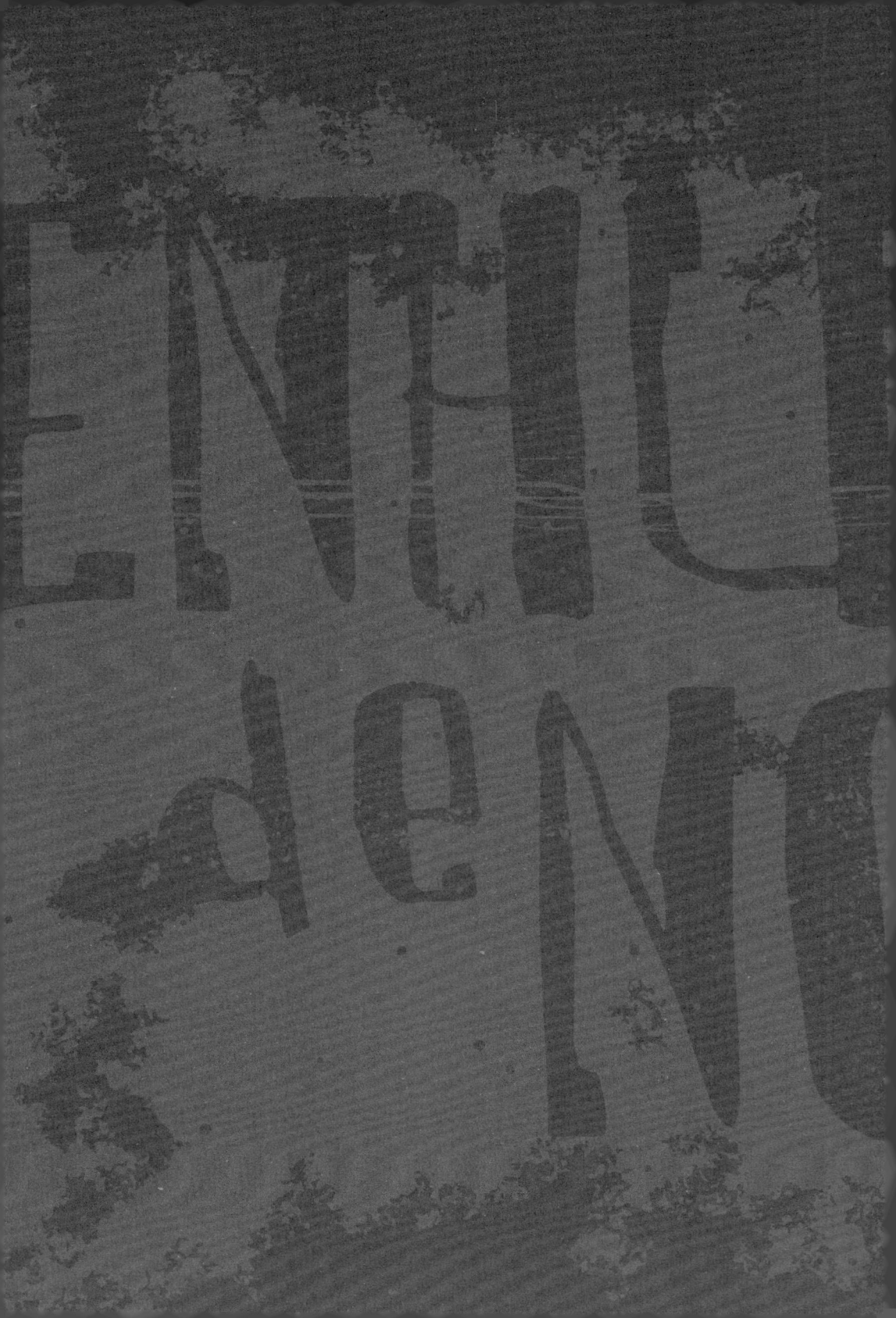

8.
O CLUBE
DOS CINCO

O violonista Veco Marques estava viajando com o gaiteiro Luís Carlos Borges pelo interior de Santa Catarina quando ficou sabendo que o pessoal do Nenhum de Nós há tempos queria falar com ele – há tempos, em 1989, podia ser algo como três longos meses. A banda cumpria uma extensa temporada de shows e sentiu a necessidade de reforçar o time, ao perceber que o formato clássico de guitarra, baixo e bateria não era mais suficiente para repetir alguns detalhes criados no estúdio, que imprimiram mais complexidade aos arranjos. Veco foi o primeiro nome da lista.

Ex-aluno do Colégio Nossa Senhora das Dores, Veco tinha participado da gravação da faixa "Fuga", do disco *Cardume*, juntamente com Renato Borghetti, e adorado a experiência de estar com um grupo de rock. Quando recebeu o convite para tocar violão em músicas como "O Astronauta de Mármore", não apenas aceitou como trocou imediatamente as cordas de náilon do seu Gibson Chet Atkins por um jogo de aço. Sua estreia foi em São Paulo, no palco do Aeroanta, em julho de 1989. Não demorou para ser efetivado como o quarto elemento oficial.

Ainda guri, em Santa Cruz do Sul, Harvey Marques (14/01/1964) gostava de visitar uma loja de doces, revistas e jogos de botões por conta de uma particularidade para além de comida, leitura ou passatempo com os amigos. Ele era deslumbrado por uma guitarra Giannini Diamond vermelha que ficava exposta no estabelecimento, pendurada em uma parede. Não havia relação com a música que o instrumento poderia produzir, mas "uma atração pelas formas sinuosas da caixa acústica, pelo brilho metálico dos captadores, pelo aparente cuidado e precisão que envolviam a construção da peça e pelo vislumbre sutil dos veios da madeira através da pintura translúcida". Veco passava horas investigando os detalhes do instrumento, com os olhos arregalados e as bochechas rosadas de prazer, feito um *voyeur* de Hitchcock. Se pudesse, ele agarraria aquele objeto com a mesma habilidade e firmeza com que defendia balões de couro nas peladas da escola, no campinho ao lado da casa onde morava ou nas garagens das ruas vizinhas.

"Sempre achei que ia ser um baita goleiro, e fui muito bom, até os 12 anos, mais ou menos", ele recorda. Obcecado pela posição mais ingrata do rude esporte bretão, sua roupa preferida era a camisa verde com o número 22 nas costas (passado a ferro), luvas, joelheiras e calção acolchoado, que tinha ganho de Natal dos pais, Luiz e Irene. O sonho de ser goleiro só mudou quando ele começou a tocar violão. Duas outras mudanças marcaram sua adolescência, de Santa Cruz para Santa Maria, com a família, por causa do trabalho do pai, quando ele fez 13 anos, e de lá para Porto Alegre, no ano seguinte, quando foi estudar no Colégio das Dores, antes de começar a faculdade de Publicidade e Propaganda, na Unisinos, em São Leopoldo.

A ruptura definitiva na vida do garoto veio quando um amigo, André Jagger, vizinho de praia em Xangri-lá, com quem tocava violão, ganhou um presente que repassou para Veco, "porque não ia conseguir tocar". Era um não exatamente possante kit Mini Músico da Giannini, formado por uma guitarra e um amplificador cor-de-laranja, que funcionava com quatro pilhas grandes. De tão feliz com o objeto, ele se enfurnou no quarto por uma semana tocando guitarra. Ao voltar para a cidade (mais branco do que tinha chegado no litoral), passou a investir em mais guitarras, e foi convidado a entrar para a banda de rock Panaceia, inspirada nos mascarados do Kiss.

Quando participou de um festival de música do La Salle, em Canoas, Veco chamou a atenção dos integrantes do Halai Halai, grupo já conhecido da cena local, e foi convidado para se integrar ao time, como segundo guitarrista. De uma hora para outra, o guri de Santa Cruz estava tocando com profissionais da música que admirava desde que chegou a Porto Alegre. Ele ouvia o Halai Halai em um radinho de pilha, na frequência da Rádio Continental AM, que começou a abrir espaço para a nova produção musical gaúcha nos anos de 1970.

Inspirado por Neil Young, The Byrds e Bob Dylan, o Halai Halai se inseria em um contexto de artistas gaúchos que escreviam letras com histórias da vida urbana para canções que mixavam rock com elementos do folk norte-americano e com o regionalismo. O grupo chegou a se apresentar em edições do show coletivo *Vivendo a Vida de Lee in Concert*, promovido por Júlio Fürst, comunicador da Continental que então adotava a alcunha de Mr. Lee, e foi um dos desbravadores do fértil terreno roqueiro em território sulista. Veco tocou um tempo com o Halai Halai, mas teve que deixar no armário sua Giannini semiacústica quando o grupo mudou para São Paulo, em 1986 – um ano depois saiu o primeiro LP, com o nome reduzido para Hallai, e faixas como "Sr. Camelô", versão para "Mr. Tambourine Man", de Dylan. Muito jovem, ele nem tinha autorização dos pais para acompanhá-los, muito menos queria dar um passo daquele tamanho tão cedo, mas ficou muito amigo dos ex-companheiros de grupo e participa de todos os discos de um deles, Jorge Vargas, que posteriormente montou a banda Cavalo Doido.

O próximo passo, ou melhor, os próximos passos não tardaram. Já havia algum tempo Veco caminhava alguns metros até a porta do apartamento ao lado do seu, no bairro Santa Cecília, para encontrar Hilton Vaccari, com quem ouvia os sons que o pai do vizinho tinha trazido da Argentina, onde morou muito tempo, sobretudo Mercedes Sosa e Atahualpa Yupanqui. A dupla começou a tocar junto, com seus violões e a balalaica que Seu Vaccari também tinha trazido de Buenos Aires (que Veco ganhou de presente enquanto eu estava escrevendo esse livro). Tomados pelos primeiros sintomas da febre nativista que se aproximava, eles montaram um grupo para tocar no Pulperia, o bar onde a nova ordem do movimento estava sendo forjada.

O Voz da Terra se destacou nos festivais Rio Grande afora, com Veco à frente, em dupla missão: não havia gaiteiro na formação, e ele tinha que fazer com seu instrumento todo o movimento da gaita – o fato de ter estudado muita música flamenca ajudou na tarefa. Seu virtuosismo chamou a atenção de artistas consagrados do nativismo, como Elton Saldanha e João de Almeida Neto, mas o prodígio Borghettinho, com quem Veco costumava tomar cerveja, comer carreteiro e ouvir música nativista quase todos os dias, no Pulperia, tomou a dianteira e convidou-o pra acompanhá-lo em um evento fechado, na Zona Sul, e depois para tocar em seu segundo disco, e finalmente para ser seu violonista oficial – e na sequência participar de vários outros discos, como *Renato Borghetti*, de 1987, pela RCA, no qual foi ser coautor de "A Sétima do Pontal", que o próprio gaiteiro afirmou em sua biografia se tratar da "música mais representativa de sua carreira". Depois da experiência com o jovem músico, Veco tocou durante um ano com o veterano Luís Carlos Borges: "Ele é o maior de todos, tem muita experiência musical e de vida, e também é um grande contador de histórias".

A inevitável rotina do sucesso entrou muito forte no cotidiano do Nenhum de Nós em 1989. Depois dos shows era praxe os integrantes receberem fãs no camarim, distribuírem autógrafos, arrumarem as malas e partirem, ainda no meio da madrugada, para mais algumas horas de estrada. Em um dia especialmente úmido e frio, a banda chegou já de manhã na cidade gaúcha de Tenente Portela e foi direto para o hotel. Assim que se recostou na cama, Carlão sentiu um cheiro esquisito, como se não houvessem trocado os lençóis, mas não teve forças para levantar e reclamar na portaria. No outro dia ele soube que havia um surto de hepatite por lá.

Os sintomas da doença começaram a se manifestar alguns dias mais tarde, em Minas Gerais. Mesmo assim, o guitarrista fez mais 10 shows, sem conseguir comer praticamente nada, e emagreceu cinco quilos. Carlão dormia, acordava para subir ao palco e tocar, e voltava para a cama, onde vomitava bastante, como recorda o companheiro de quarto Sady. Na primeira consulta médica veio a suspeita de uma virose mais branda e a recomendação de repouso por uns dias, tão somente. O amarelão, sintoma clássico da hepatite, apareceu em seguida, em Salvador, na Bahia. Quando a banda voltou para casa, ele foi a outro médico, que detectou a doença e receitou repouso absoluto pelos três próximos meses. As apresentações da semana seguinte foram transferidas, mas a agenda de implacáveis 10 shows mensais obrigou a banda a providenciar uma reposição imediata. Veco Marques, que desde julho era o segundo guitarrista, teve pouco mais de duas semanas para assimilar o repertório inteiro e tocar por dois.

Mil novecentos e oitenta e nove terminou mais cedo para o quarteto, por um bom motivo. Depois de cumprir 122 shows, a banda parou a partir de 20 de novembro. Foram suas primeiras e mais do que merecidas férias. O estresse pelo excesso de shows e viagens e as noites dormidas em ônibus estava causando muito barulho por nada, por conta do mau humor da turma. Com a parada os ânimos se acalmaram, mas a volta às atividades veio acompanhada de um turbilhão de novas emoções, que começaram com a necessidade de se preparar imediatamente para a gravação do terceiro disco. O novo álbum não sairia mais pelo selo Plug, e sim pela gravadora BMG. O braço novidadeiro da então RCA tinha sido extinto no final de 1989, cerca de três anos depois de ser criado, e de revelar dois grandes sucessos comerciais, Nenhum de Nós e Engenheiros do Hawaii – pelo menos até ser ressuscitado, em 1994, com Maurício Valladares como diretor artístico.

A nova safra de músicas veio marcada por mudanças no processo de criação, que lançaram as bases para a divisão de tarefas que se consolidaria dali em diante. Em vez das reuniões em que trocavam ideias em conjunto para criarem os novos sons, os integrantes se reuniam para ouvir as músicas compostas por Thedy, o que concedia com mais clareza ao vocalista a posição de líder do Nenhum de Nós, sedimentada nos próximos anos, não somente nas questões musicais. A cada dia, ele mostrava algo novo: "Extraño", "Das Coisas Que Eu Entendo", "Sobre o Tempo"; três letras que renderam parcerias com Veco, como o tango "Algo Que Não Se Pode Tocar" (composto na medida para a participação de Borges), ou uma letra escrita por Vitor Ramil, para que o Nenhum de Nós fizesse a melodia ("Mentira"). Mais livre, Carlão acabou trabalhando em duas letras, "Inverno" e "Tudo que Aconteceu".

Com um bom número de canções para refinar, e entusiasmada com o que a entrada de um músico ligado a outro estilo musical oportunizava, a banda resolveu buscar uma sonoridade que juntasse Tom Petty e a música nativista no terceiro disco, nada próximo do que os executivos da BMG, ávidos por algo pop como "A Volta de Camila" ou "O Retorno do Astronauta de Mármore" estavam esperando. Assim que definiu o conceito, o quarteto aproveitou a boa relação de Veco com seu ex-chefe e convidou Luís Carlos Borges para conversarem sobre uma possível parceria. Instrumentista virtuoso, artista sem preconceitos de um estilo que preza pelo conservadorismo, Borges é um dos maiores responsáveis pela renovação da música regional gaúcha.

No final de uma tarde em que o gaiteiro encantou os roqueiros com sons antigos e inéditos, ficou combinado que tocaria no disco. Com ele no combo, era possível estabelecer uma relação mais intrínseca com a música tradicional do Rio Grande do Sul e partir em busca de uma estética sonora diferente da que vinha sendo praticada pelos artistas que tocavam nas rádios – em uma entrevista para a revista *Veja* em que explicava as intenções de *Extraño (que você lerá adiante)*, Thedy afirma que, "ao contrário do som dos Engenheiros do Hawaii, cujo som não tem nada de gaúcho, resolvemos nos diferenciar dos demais grupos pop do Rio Grande do Sul incorporando as raízes regionais".

Enquanto paria o álbum, no começo de 1990, o Nenhum de Nós enfrentou uma inesperada queda na agenda de shows, ruim para os negócios, mas positiva para que os músicos pudessem se concentrar melhor na adaptação das composições para o novo conceito. O maior tempo resultou em uma quantidade inédita de ensaios, muitos deles com a presença de Borges, para que a banda encontrasse os arranjos que desejava. Com exceção da manutenção do produtor Reinaldo Barriga, houve mudanças significativas no processo de gravação do terceiro álbum do Nenhum de Nós. Em vez de São Paulo, ele foi feito no próprio estúdio da BMG, no Rio de Janeiro – o mesmo onde, em 1993, o Nirvana se reuniu para gravar as primeiras demos do álbum *In Utero*. O registro "na casa" da gravadora proporcionava aos seus executivos acompanharem de perto o novo repertório, o que se traduziu em menos liberdade para a banda. Já nos primeiros dias o quarteto sentiu uma pressão diferente. Se no selo Plug era a competência como instrumentistas daquele grupo de iniciantes que estava em questão, no elenco principal da BMG a curiosidade inicial era descobrir qual seria a cover do novo trabalho, a faixa que reeditaria o sucesso de "O Astronauta de Mármore". A banda já tinha a resposta: não haveria uma releitura desta vez. Em um processo invertido, os executivos tinham as perguntas: o Nenhum de Nós era teimoso, preciosista ou burro?

Uma diferença aparentemente saudável em relação aos discos anteriores foi o tempo integral de Barriga no estúdio, mas a dedicação exclusiva não deu os resultados esperados. Visivelmente pressionado por conta de uma indisposição com a gravadora, ele aparentemente tinha sido escalado para produzir o Nenhum de Nós por ter muita ascendência sobre um artista de sucesso, por quem, naquela altura, nutria um certo carinho, e de quem tinha se tornado amigo. Mesmo assim, além de levar para o estúdio toda a carga de descontentamento profissional com a BMG, ele mantinha as restrições artísticas sobre os caminhos musicais dos pupilos. Prova disso são registros captados pelos integrantes da banda, mais para filmes de terror do que para Sessão das Duas, de alguns momentos de estúdio – os músicos estavam documentando os trabalhos com uma moderna câmera de vídeo adquirida por Sady. "Uma noite conectamos a câmera na TV do quarto e assistimos o Barriga me 'descascando' pelas costas, dizendo que eu não tocava merda nenhuma. Isso refletia bem o clima geral da gravação", lembra Carlão.

Numa análise mais profunda, ele afirma que "o Nenhum de Nós sempre foi muito sanguíneo e se levou a sério no estúdio, concedendo uma dimensão épica para o trabalho, sem espaço para indiferenças, sentimentos neutros ou cordialidades formais." O nível da desconfiança entre BMG e Barriga era tamanho que, quando alguns microfones sumiram do estúdio, houve insinuações de que poderiam ter sido roubados pela banda, que quase desistiu das gravações – Thedy teve que subir na sala do diretor artístico para reclamar do episódio.

A discussão emblemática desse período, porém, ocorreu na gravação de "Inverno". Durante a sessão de registro vocal, Thedy se emocionou, ao lembrar de seu pai, e desafinou.

– Vamos de novo – disse Barriga.

– Vamos corrigir em outro canal e preservar esta gravação – pediu Thedy.

– Pra quê? – perguntou o produtor.

– Porque eu quero assim – respondeu o vocalista.

– Mas tá desafinado!

– Eu sei, mas só quero ficar com essa versão. Me emocionei, lembrei de meu pai, por isso desafinei. Mas queria guardar essa assim mesmo para mim.

– Pra quê, Thedy, está uma merda!

– Escuta, Barriga, custa muito abrir um outro canal?

– Custa. É perda de tempo...

A "DR", que inclui os demais integrantes do Nenhum de Nós a favor de Barriga, terminou com uma porta batendo, mais uma vez, e um "vão pra pqp" do vocalista, que voltou desconsolado para o hotel, o mitológico Atlântico Copacabana, onde cumprimentou o eternamente solícito e elegante Silvestre, na recepção, e provavelmente deparou com algum roqueiro perambulando pelos corredores ou saindo de um elevador – a turma da música sempre ficava hospedada por lá. "Inverno" acabou nem entrando no disco, sem vocal desafinado, muito menos corrigido.

Menos mal que, desta vez, o Nenhum de Nós estava mais seguro de suas ambições estéticas. A própria letra da faixa-título insinuava uma postura mais madura e independente, de quem estava em busca de algo diferente, nem que soasse estranho – embora a palavra "extraño" em espanhol signifique saudade, que neste contexto pode ser relacionada com a falta que a banda sentia de sua terra e da sonoridade sulista, depois de passar um ano inteiro tocando pelo país:

"O que eu sinto a respeito dos homens, é estranho / É estranho como é frio, é estranho como perdi a fé / É estranho como é estranho perguntar um nome / O que eu sinto a respeito de nós, é estranho / É estranho como é triste, é estranho como olhar pra trás / É estranho como é estranho esquecer um nome".

Na medida em que as músicas eram registradas, as arestas entre produtor e banda cessaram (como sempre aconteceu na relação com Barriga), o que concedeu ao trabalho uma crescente tranquilidade. Essa sintonia se manifestou em um trabalho praticamente coletivo que resultou na gravação da canção "O Espelho do Cego", poema de Thedy em homenagem ao escritor argentino Jorge Luis Borges, ao músico Cazuza e ao ativista Wu'er Kaixi, um dos líderes dos estudantes chineses quando dos conflitos na Praça da Paz Celestial. Quando entraram na sala de reuniões para mostrar o disco ao diretor artístico da BMG, todos estavam entusiasmados com o produto final. Miguel Plopschi, porém, não gostou da audição. Em uma reunião com todo o estafe do Nenhum de Nós, inclusive seu empresário, ele alertou que previa dificuldades pela frente, porque o álbum não era comercial. Apesar da pressão em busca de algo mais vendável, a banda não recuou em suas convicções. Em determinado momento, Carlão se irritou:

– Fizemos o trabalho com o máximo de critério, esforço e dedicação. Se o público gostar ou não, isso agora é com eles.

Fim de papo.

Extraño saiu com 13 faixas, em LP e fita cassete (mais tarde foi lançado em CD). Já a partir do título em espanhol, o álbum revelava o olhar da banda mirando para o sul, inclusive com influências de rock argentino – há muito Thedy e Sady apreciavam artistas como Charly García e Fito Paez. Carlão foi convertido tempos depois, e passou a admirar artistas como o Soda Stereo. A pegada gaúcha remete diretamente ao rock pop praticado nos anos de 1970 pelo grupo Almôndegas, o quinteto de Pelotas radicado em Porto Alegre de onde Kleiton & Kledir saíram para conquistar o país, e pelo oitentista Musical Saracura (que era formado por Silvio Marques, Nico Nicolaiewsky, Chaminé e Fernando Pezão). Vitor Ramil, cujo trabalho também flerta com essas sonoridades, comparece novamente, com a letra de "Mentira" e a faixa de encerramento (só no CD), "Perdido no Livro".

O terceiro disco do Nenhum de Nós tem participações do ex-Herva Doce Paul de Castro (violino em "Céu" e "O Inferno e o Céu"), de Lulu Santos (slide guitar em "O Espelho do Cego"), e de Alexandre Sacha Amback (teclados em "Sobre o Tempo", "Júlia", "As Mulheres Que Eu Rasguei" e "Extraño"), em seu primeiro contato oficial com a banda – no futuro ele produziria três álbuns para o Nenhum de Nós. E tem Veco (também) tocando bandolim e Sady ao cavaquinho, relembrando seus tempos de Grupo do Fadinho. Sobretudo, tem o estilo de Luís Carlos Borges, que referendou a proposta de incorporação de sonoridades regionais sem ferir a essência pop e roqueira da banda gaúcha – ele tocou em "Sobre o Tempo", "Júlia", "Algo Que Não Se Pode Tocar", "Extraño" e "O Inferno e o Céu".

A cobertura da imprensa nacional a respeito da obra foi paradoxal. Enquanto a *Bizz* não viu nada de mais na nova proposta – a crítica escrita por Artur G. Couto Duarte diz que "o novo disco destes gaúchos não traz nada de tão 'extraño' assim", a *Veja* fez uma entrevista com o "conjunto", para destacar a sonoridade. Assinada por João

Gabriel de Lima e publicada na edição de 5 de setembro de 1990, a reportagem ganhou o título "Insurreição dos Pampas" e o subtítulo "Com músicas de sucesso e o LP Extraño, o Nenhum de Nós quer inovar o rock usando a tradição gaúcha"– o texto está reproduzido na íntegra, abaixo, e por isso contém informações erradas, como o número de cópias vendidas do primeiro disco e a história da invasão do trio na escola (as informações corretas são as deste livro):

De bombachas e cuia de chimarrão, o rock gauchês planeja invadir o país. O líder e único representante dessa belicosa corrente é o conjunto Nenhum de Nós, cujo terceiro LP, Extraño, chega às lojas esta semana. Extraño é um disco, no mínimo, estranho. Ao lado de guitarra, baixo e bateria, protagonistas de todo LP de rock que se preze, o Nenhum de Nós traz a cena pop o acordeão – que em bom gauchês é conhecido como gaita –, e o violão folclórico. "Ao contrário do som do Engenheiros do Hawaii, cujo som não tem nada de gaúcho, resolvemos nos diferenciar dos demais grupos pop do Rio Grande do Sul incorporando as raízes regionais", elabora Thedy Corrêa, de 27 anos, vocalista do conjunto – que é a atual sensação das paradas de sucesso roqueiras do país com a música "Sobre o Tempo", tema da novela Barriga de Aluguel, da Rede Globo.

O grupo já havia emplacado anteriormente dois sucessos, "Camila, Camila" e "O Astronauta de Mármore". Coerente com seus objetivos, o Nenhum de Nós, que era um trio, incorporou o violonista Veco Marques, de 26 anos, especialista em música de raízes, que acompanhava o cantor Borghetinho. Essa alquimia inusitada se reflete nas músicas de Extraño. A faixa-título é uma balada ponteada por solos de gaita.

Para executar o instrumento, o Nenhum de Nós convocou Luís Carlos Borges, gaitista que é considerado um dos ases do gênero. O grupo, porém, não se contentou em levar o acordeão para o rock. Em Extraño, o Nenhum de Nós chegou a inventar um novo ritmo, o tangorock, na música "Algo que não se Pode Tocar".

"É a nossa homenagem a Astor Piazolla, explica Thedy. O tango traz embutido o espírito de tragédia, que é uma característica bem gaúcha".

O conjunto não chega a ser radical em sua opção preferencial pelo trágico. Há espaço para o humor em músicas como "As Mulheres que eu Rasguei", que conta a história mirabolante de um rapaz que, ao se despedir da adolescência, resolve picar em mil pedaços sua coleção de revistas de mulheres peladas.

DRAMA DE UM TRAVESTI - Personagens extravagantes desfilam pela música do Nenhum de Nós desde "Camila, Camila", que conta uma história nada comum em letras de rock, mas que frequenta nove entre dez baladas sertanejas: a da mulher que é espancada pelo marido. Na onda da pancadaria, o Nenhum de Nós decolou da garagem para o estrelato, vendendo 50 mil cópias de seu LP de estreia. "Era um manifesto feminista, mas ninguém entendeu direito", queixa-se o baterista Sady Homrich, de 27 anos. "Como o Thedy cantava a música na primeira pessoa e a letra é algo obscura, alguns pensaram que se tratava do drama de um travesti". "O Astronauta de Mármore", o sucesso seguinte do grupo foi, a exemplo de "Camila, Camila", muito cantada e pouco compreendida. Com a música (...), o grupo conquistou sucesso popular - o LP Cardume vendeu 230 mil cópias - e quase foi linchado pelos fãs do cantor inglês, revoltados com o besteirol da letra em português. "Somos como Augusto e Haroldo de Campos", exagera Thedy. "Não fazemos a tradução literal, mas uma recriação", diz, justificando versos do calibre de "Quero um machado pra quebrar o gelo".

A vocação para a polêmica acompanha o Nenhum de Nós desde os primeiros tempos. Eles são o típico exemplo de banda de colégio que deu certo. Thedy, Sady e o guitarrista Carlos Stein se conheceram no ginásio. Na tarde de 7 de setembro de 1978, resolveram fazer uma brincadeira que quase acabou na cadeia. Em plena comemoração do Dia da Independência, os três invadiram o palco da escola e começaram a cantar, depois do Hino Nacional, a música "Roda Viva", de Chico Buarque, o hino alternativo de protesto contra o regime militar. O regime não demonstrou fortes abalos com a provocação juvenil, mas os três gaúchos mantiveram o espírito. Em 1988, já a bordo do Nenhum de Nós, eles tentaram uma proeza mais ambiciosa: escreveram o Manifesto de Sangue, junto com as bandas Replicantes e DeFalla, um virulento brado, que conclamava os grupos gaúchos a tomar o poder do rock nacional. A coisa não foi para a frente por falta de candidatos. "Depois de redigir o manifesto, descobrimos que não existia um movimento de rock gaúcho articulado", constata Thedy. Mesmo assim o Nenhum de Nós resolveu levar adiante sua ideia de regionalização do pop, que culmina com o LP Extraño. Seguindo o caminho inverso de Chitãozinho e Xororó – que levaram a tecnologia para o som regional –, o Nenhum de Nós traz a gaita para o reino das guitarras e *promete, respaldado por um punhado de sucessos, amarrar o cavalo da música de raízes no obelisco do rock nacional. Legião Urbana, Titãs e Paralamas que se cuidem.*

Se o disco rendeu visões diferentes da imprensa, não há como discordar que o show de lançamento foi um equívoco da banda gaúcha, marcado para a abertura dos shows da banda inglesa Sisters of Mercy, essencial na cena gótica dos anos de 1980, que tocou pela primeira vez no Brasil em outubro de 1990, no Rio e em São Paulo. "Foi um dos maiores erros estratégicos da nossa carreira", avalia Thedy. O Nenhum de Nós tinha tamanho comercial para fazer um lançamento solo, depois do imenso sucesso de *Cardume*, e além disso nada tinha a ver com o público do Sisters of Mercy (a não ser que tocasse o repertório do disco de estreia, bastante identificado com o rock gótico, ou dark, como se dizia no Brasil). O resultado foi uma péssima recepção dos fãs dos ingleses. A apresentação em São Paulo foi desastrosa ao ponto de a banda ter que encurtá-la para se livrar dos objetos lançados pelos fãs mais exaltados; no Rio de Janeiro, escaldado pela péssima acolhida paulista, o Nenhum de Nós fez um setlist alternativo que incluiu a música "Astronauta", do Replicantes, com a participação do próprio Wander Wildner, que trabalhava com a banda na época. A reação do público foi menos pior.

Conforme a gravadora previu, o mix promocional com "Extraño", primeira música de trabalho do álbum homônimo, e que ganhou o segundo videoclipe do Nenhum de Nós, dirigido por Carlos Kober, foi recebido sem maior empolgação, e o razoável sucesso se concentrou no Sul do país, para um público acostumado com o sotaque regionalista. A tendência de mau desempenho começou a se dissipar quando "Sobre o Tempo" foi cotada para ser o tema de abertura da novela *Barriga de Aluguel*, escrita por Glória Perez, que contava a polêmica história de uma mulher que foi paga para gestar o filho de outra. Definitivamente o tema combinava com uma letra que dizia "os homens criam os seus filhos / verdadeiros ou adotivos...", e naturalmente uma música em novela da Globo alavancaria as vendas – com o passar do tempo, a canção se confirmou como uma das mais fortes de todo o repertório do Nenhum de Nós.

Barriga de Aluguel estreou em agosto de 1990, às 18h, com a romântica "Aguenta Coração", de José Augusto – o cantor que a indústria fonográfica vendeu durante décadas como um sucessor de Roberto Carlos – na abertura. "Sobre o Tempo" foi uma das outras 13 faixas da trilha sonora nacional, em que também se destacava o primeiro hit comercial do funk carioca, "Feira de Acari", de MC Batata. A canção do Nenhum de Nós era o tema do personagem Tadeu Junqueira Lima, um médico idealista que usava cabelos compridos presos em um rabo de cavalo, interpretado pelo gaúcho Jairo Mattos. Carismático, o estreante foi o ator que mais recebeu cartas durante a novela, suplantando nomes consagrados como Cláudia Abreu, Cássia Kiss, Victor Fasano e Mário Lago. Sua popularidade e bom desempenho ajudou a banda gaúcha ao garantir um número razoável de execuções para a música, mas não foi suficiente para que se repetisse o enorme sucesso de *Cardume*. *Extraño* vendeu 47 mil cópias.

Focados na nova sonoridade, os integrantes do Nenhum de Nós decidiram incorporar definitivamente o acordeão em sua formação para os shows de *Extraño*. Seria inimaginável contar com Luís Carlos Borges como acompanhante em uma longa turnê, e Veco Marques foi consultado sobre algum músico capaz de substituí-lo no palco. O mais novo integrante não teve dificuldades em indicar um gaiteiro cabeludo que conhecera nos festivais nativistas, usava bombacha, tinha pinta de roqueiro e atendia pelo nome artístico de João Vicenti.

João Vicenti Vieira dos Santos nasceu em 11 de agosto de 1965, em São Gabriel, no interior do Rio Grande do Sul. Seu pai, Lídio Vieira dos Santos, tocava acordeão, "que era mais fácil de carregar do que um piano", e tornou-se regionalmente conhecido. Em seu currículo, inclusive, consta um show com Elis Regina, numa época em que os intérpretes viajavam recrutando os melhores músicos locais para acompanhá-los. Ele nunca fez qualquer esforço para que um dos quatro filhos do casamento com Celmita seguissem os rumos da música. Se por acaso algum deles se interessasse por algum instrumento, porém, exigiria uma educação formal, que envolveria horas de estudo de piano com professores e o aprendizado da notação musical. Se era para ser músico, teria que ser de verdade.

Dois deles resolveram seguir essa trilha, Giovani e o primogênito, João Vicenti, que desde os sete anos frequentou, com dedicação diária, as aulas de piano – a primeira professora foi Dona Odette. Por uma questão de espaço, as lições eram tomadas no CTG (Centro de Tradições Gaúchas) de São Gabriel, onde ele passou a conviver com o som da gaita e aproveitou para desenvolver outra especialidade, a dança folclórica, gaúcha e argentina. Formado em piano erudito, João foi morar em Bagé, na casa de um tio, para estudar o Segundo Grau, e começou a trabalhar, dando aulas de dança. Mais tarde passou a ensinar também em uma academia de Porto Alegre, para onde se mudou em 1985.

Passado um ano na capital gaúcha, João foi visitar a Casa da Música, onde encontrou um acordeão Universal que, depois de um tempo desproporcionalmente longo parado em frente à vitrina, pensou em comprar. Entrou na loja, namorou mais um pouco o instrumento, perguntou quanto custava, constatou que era caro, tratou de ir atrás da grana, e conseguiu um comprador para seu veículo de locomoção dos tempos de São Gabriel, uma Garelli, o ciclomotor criado na Itália que mixa moto e bicicleta, bastante popular naqueles tempos, e que tinha sido um presente do pai, "junto com uma máquina de escrever Olivetti Lettera 32, que tenho até hoje". Numa visita à cidade natal, ele despachou a Garelli no bagageiro de um ônibus que fazia a rota para Porto Alegre, esperou alguns dias para receber o pagamento e, com a grana nas mãos, voltou à Casa da Música para adquirir a gaita. Inconformado quando lhe foi negado o direito de experimentá-la antes da compra, deu as costas para o vendedor e tomou um ônibus para Caxias do Sul, onde ficava a fábrica da Universal. Na Serra ele encontrou a receptividade que merecia e, finalmente, comprou o acordeão. No mesmo dia, tratou de voltar na Casa da Música, antes que fechasse, só pra provocar o vendedor. Chegando lá, chamou o moço que lhe havia recusado a possibilidade de testar o instrumento e fez questão de mostrar a aquisição.

– Olha a comissão que você perdeu! Que pena, não?

O próximo desafio depois do ato de vingança era mostrar a gaita para o pai, e ao mesmo tempo contar que tinha vendido a Garelli. Embora tenha feito cara de poucos amigos e se recusado a experimentar o instrumento, Lídio ficou impressionado com a sua qualidade. Algum tempo depois, João descobriu que o velho se gabava para os amigos de seu feito. Ele certamente também gostou quando ele começou a participar de festivais nativistas com o instrumento, onde conheceu Veco, que o indicou para tocar no Nenhum de Nós.

"Eu fui assistir a uma apresentação da banda em Santa Rosa, depois eles me viram tocando gaita ponto e então eu comecei a participar de ensaios, mas no começo era só com o Veco", recorda João. O próximo passo foi tocar em shows com o Nenhum de Nós. A estreia foi em Santa Cruz do Sul, no mês de outubro de 1990. Três meses depois ele estava no palco do Rock in Rio, diante de 90 mil pessoas: "Além de estar num festival daquele tamanho, com diversos outros grandes artistas, foi marcante pra mim entrar no Maracanã pela primeira vez".

No princípio da colaboração o gaiteiro não ficava o tempo todo em cena, tocava entre quatro e cinco músicas e entrava no meio da apresentação. Foi por isso que chegou a ser barrado em um show no Largo Glênio Peres, em Porto Alegre. João ficou esperando na beira do palco, e quando tentou subir foi impedido por um segurança:

– O que tu vai fazer?

– Vou tocar!

– Vai tocar o quê? Os caras já tão tocando há horas!

Ciente de que a deixa para sua participação estava próxima, ele deu um empurrão no segurança e correu para sua posição, pegou a gaita e saiu tocando. Depois vieram as desculpas mútuas e tudo terminou bem.

Com o passar do tempo e sem problemas de subir ao palco, João Vicenti transformaria o antigo trio Nenhum de Nós, que um dia tinha virado quarteto, em um clube dos cinco, tocando piano, como seu pai gostava, e acordeão, como aprendeu a gostar no CTG de São Gabriel.

A banda com o ator Jairo Mattos, cujo personagem na novela
Barriga de Aluguel tinha "Sobre o Tempo" como tema
Foto: Acervo NDN

Foto: Raul Krebs

9.
DANÇA COM LOBOS

Em 1985, o sonho de verão dos estudantes universitários Thedy, Carlão e Sady era comprar uma passagem para assistir o Rock in Rio, mas somente Sady pôde ir ao festival. Seis anos depois, o trio de amigos de escola que tinha formado uma banda, lançado três discos e colocado duas músicas no topo das paradas de sucesso, finalmente concretizaria o sonho dos tempos de faculdade. Obviamente nenhum deles tinha inventado uma máquina do tempo que os levasse de volta para 1985 – aliás, ano em que foi lançado o filme *De Volta para o Futuro*. O fato novo era a segunda edição do festival, marcada para começar no dia 18 e terminar em 27 de janeiro de 1991. Por outro lado, eles não foram ao estádio Maracanã apenas para assistir os grandes roqueiros da época. O Nenhum de Nós estava escalado para se apresentar no *Rock in Rio 2*.

Para um show de dimensões superlativas, o então quarteto (Veco foi efetivado depois do lançamento de *Extraño*) subiu ao palco com cinco músicos e um ator. O quinto integrante foi o gaiteiro João Vicenti. O sexto elemento foi Jairo Mattos, cujo personagem na novela *Barriga de Aluguel* tinha "Sobre o Tempo" como tema. Eles se conheceram quando a banda fez uma aparição na trama, ficaram amigos e, tempos depois, combinaram a participação no festival. O ator declamou o trecho de "Poema em Linha Reta", de Fernando Pessoa, durante uma parte instrumental da música, cuja versão ao vivo era bem climática.

A banda gaúcha abriu os trabalhos do penúltimo dia do festival, sábado, dia 26 de janeiro, antes dos brasilienses do Capital Inicial, dos gringos Information Society, Debbie Gibson e A-Ha, do ex-RPM Paulo Ricardo e dos ingleses do Happy Mondays (*a banda da cena Madchester tocaria na sexta, mas foi deslocada como headliner de sábado, uma noite mais pop, porque seus instrumentos sumiram quando os músicos chegaram ao Brasil*).

Meses mais tarde, o Nenhum de Nós voltou ao Rio de Janeiro e ao estúdio da BMG para gravar o quarto disco de sua meteórica carreira. Mais coesa musicalmente, com o amadurecimento do trio original e o reforço de Veco e João Vicenti, mas involuntariamente afastada da grande mídia porque preferiu arriscar em vez de surfar na onda do sucesso fácil, a banda se sentia mais leve antes de começar os trabalhos. Quando terminou a gravação, pela primeira vez as semanas de estúdio não foram um processo penoso para os integrantes. Outro fator importante foi uma reconsideração na rigidez dos conceitos estéticos. A proposta de incorporar a sonoridade regional gaúcha ao rock estava de pé, mas não como regra a seguir, o que abriu novos horizontes e concedeu mais fluidez às músicas. O som das guitarras e violões se impôs naturalmente, e em sua estreia na gravação de um disco do Nenhum de Nós, João Vicenti acabou tocando mais pianos, órgãos e sintetizadores do que acordeão.

Menos engessada na busca de resultados previamente concebidos pelos próprios integrantes (ou exigidos pelos executivos da indústria fonográfica), a banda alcançou arranjos mais orgânicos. Mesmo "Ao Meu Redor", herdeira do formato anterior, explorava recursos novos e soava como uma evolução em relação a *Extraño*, sobretudo porque já fora composta para ser encaixada naquele conceito, e não teve de ser adaptada a ele, como nas faixas do terceiro disco – além disso, a presença de João Vicenti já a partir da criação indicou os caminhos naturais a serem percorridos. Também houve reflexo nas letras, mais maduras.

Nesse contexto de autoafirmação, a inclusão de duas *covers*, englobando o melhor do rock brasileiro dos anos 70, surgiu sem maiores questionamentos internos. "Tente Outra Vez", de Raul Seixas, já tinha sido incluída na coletânea *O Início, o Fim e o Meio*, em tributo ao Maluco Beleza – e rendido o terceiro videoclipe do Nenhum de Nós, dirigido por Valério Azevedo. Clássico dos Secos & Molhados, "Sangue Latino" ganhou uma linha de baixo mais pulsante, influenciada pelo som das bandas de Manchester, e acabou tocando nas rádios de todo o país, em uma versão remixada. Outra música construída em cima dessa batida de baixo e bateria mais dançante foi "Tudo que Aconteceu" – faixa que só não entrou no disco *Extraño* porque Thedy fincou pé que faltava um refrão; embora os demais músicos não levassem muita fé de que essa canção voltaria para a pauta, ela ressurgiu com refrão e um novo arranjo.

Os problemas surgiram, como sempre, mas foram encarados com mais naturalidade. O maior deles foi a sensação da necessidade de rompimento com o produtor, o onipresente Reinaldo Barriga, que permaneceu no ar durante todo o período das gravações. Tanto o respeito quanto o desgaste entre ele e a banda eram mútuos, embora houvesse uma mudança desde o trabalho anterior. "Tenho a impressão de que nos dois primeiros discos o Barriga trabalhava conosco por obrigação, mas no terceiro e no quarto ele estava por vontade própria, porque tínhamos criado um vínculo, mesmo o Nenhum de Nós não sendo a banda que ele gostaria que fosse", analisa Thedy.

Por outro lado, os executivos da BMG não disfarçavam a decepção por não encontrarem, mais uma vez, um novo "O Astronauta de Mármore", sobretudo o diretor artístico, Miguel Plopschi. O romeno de nome Mihail, radicado no Brasil desde os anos de 1960, era ex-integrante dos Fevers, grupo da Jovem Guarda que se notabilizou com versões de grandes sucessos internacionais dos *sixties*, e que tinha como regra básica o romantismo e os temas açucarados como chave para o sucesso.

Plopschi foi convidado por Barriga para comparecer no estúdio e ouvir uma das novas canções, logo depois de ela ter sido empolgadamente gravada. "Jornais" foi composta durante uma caminhada da banda pelo bairro de Copacabana, que rendeu uma crônica sobre os moradores de rua. Assim que rabiscou parte da letra, Thedy pegou um violão e fez a música, mostrou para os demais integrantes, que montaram o arranjo, e imediatamente a registraram. O diretor artístico entrou no estúdio, foi rodeado por uma banda visivelmente satisfeita com o que iria mostrar, puxou a cadeira e fez um sinal para tocarem a faixa. Segundos depois de ouvi-la, deu um sorriso meio forçado e mirou o olhar para Thedy.

– Thedy. Você nunca amou ninguém? Você nunca amou, Thedy? Nunca sentiu vontade de falar disso?

A banda tentou argumentar falando dos diferentes tipos do que pode se chamar amor, mas o assunto já tinha nascido morto.

Vencidas as pautas de Beatles, Fevers, ícones do rock brasileiro dos anos de 1970, atritos com Barriga e moradores de rua de Copacabana, o Nenhum de Nós encontrou boas soluções sonoras e concluiu um disco bem diferente de *Extraño*, muito mais para o pop setentista do que para a mistura de rock com nativismo, embora o "gaudério" Veco Marques tenha assinado a composição de sete das 13 músicas inéditas (quatro em parceria com Thedy, duas com toda a banda e uma com Carlão). *Nenhum de Nós* foi lançado em junho de 1992, e seu desempenho comercial ficou muito aquém das expectativas, com 27 mil cópias vendidas, apesar do potencial das autorais "Ao Meu Redor" e "Jornais", e da versão dançante remixada de "Sangue Latino", que tocaram nas programações de rádio – desde o final dos anos de 1980, as grandes gravadoras começaram a trabalhar as pistas de dança como fonte de divulgação de suas músicas, e os remixes se tornaram importantes para a criação de novos sucessos. No planejamento dos executivos, a faixa que acontecia na noite (o termo mais comum para os locais era danceteria) entrava mais facilmente nos setlists das rádios.

Fosse pela entusiasmada crítica da *Folha de S. Paulo*, escrita por Zeca Camargo, então diretor de jornalismo da MTV, *Nenhum de Nós* teria números bem maiores:

> *Pode escolher a comparação. De Primal Scream a Charlatans, passando por Blur, qualquer um desses moderninhos que você tanto gosta de gastar U$ 30 dólares nas importadoras para comprar. O novo álbum do Nenhum de Nós fez o que o pop nacional já tinha até perdido a esperança de conseguir: um som moderno, sem um ranço de MPB ou de fofura ou de pseudo-revolta ou de pós-metal (...) Desde que Marina trouxe "Criança" no seu último álbum, que o pop brasileiro não via nada de tão fresco. Você pode até dizer que não é disso que a música nacional está precisando. Mas é de coisas como as novas faixas do Nenhum de Nós que o pop é feito. (...) No rock você vai sempre achar quem defenda o puro. Bravo! Mas aqui, o que está sendo discutido é o caráter do pop, a capacidade de uma banda fazer umas músicas fáceis de grudar no seu ouvido – se der, com um pouco de originalidade. Eles conseguiram. (...) "Sangue Latino" foi totalmente revisitada e só ganhou com uns "uuuus" extras, alguns "yeahs" bem colocados e órgãos adoráveis. (...) mas não é a única reverência aos anos 70 (...). As outras são mais sutis, mais sensíveis. Como na estrutura do baladão metafísico em "Jornais". Ou nos arranjos de "Sinais de Fumaça" e "Duas Luas". Ou até no clima meio glam de "Animais". Mas esse retrocesso de quase duas décadas é sempre em favor de uma inspiração nova. E os melhores resultados são "Tudo Aconteceu" e "Ao Meu Redor"*

(...) que, apesar de usar o recurso fácil do "pá-pá-pá", faz isso com decência suficiente para que a faixa possa lembrar um bom momento do Smiths em "The Boy with the Thorn in his Side" (isso, para não falar do clipe, que, em matéria de produção nacional é um refresco...). Com esse álbum, o Nenhum de Nós só prova que o impasse criativo do pop nacional tem saída.

O evento mais importante do quarto disco da banda acabou sendo a eleição do videoclipe de "Ao Meu Redor" para o prêmio Escolha da Audiência, da MTV Brasil – no ar desde 20 de outubro de 1990. O mais votado pelo público (ainda em tempos de telefone fixo) representava o país na cerimônia de premiação realizada na matriz, o MTV Video Music Awards (VMA). Feito com muito pouco dinheiro, dirigido por Valério Azevedo, para a Prisma Produções, o clipe tem como protagonista um velho amigo da banda, Vassilis Evremidis, o *Grego*, em trajes típicos de seu país, além de um sexteto de vovós dançarinas (a tia emprestada de Thedy, Rosinha, e seu grupo de amigas), uma dupla de dançarinos gaudérios (João Vicenti, ele mesmo, relembrando os velhos tempos ao lado do irmão, Júnior), e Wander Wildner, que surge dançando pogo feito um Sid Vicious em meio ao som de folk pop.

"Ao Meu Redor" levou mais votos do que "Taça de Veneno" (Guilherme Arantes), "Zé Ninguém" (Biquini Cavadão), "O Passageiro" (Capital Inicial), "Se..." (Djavan), "O Exército de um Homem Só" (Engenheiros do Hawaii), "Madalena" (Gilberto Gil), "Criança" (Marina), "Diariamente" (Marisa Monte), "Trac Trac" (Os Paralamas do Sucesso), "Gita" (RPM), "Desperate Cry" (Sepultura), "Só Pensa na Fama" (Supla), "Saia de Mim" (Titãs) e "Fora da Ordem" (Caetano Veloso), o que dá uma ideia da popularidade da banda naquele momento.

Apresentado pelo ator e comediante Dana Carvey (do *Saturday Night Live*), o Video Music Awards 1992 foi realizado em 9 de setembro, no UCLA's Pauley Pavilion de Los Angeles. As bandas

Van Halen e Red Hot Chilli Peppers foram as grandes vencedoras: "Right Now", do Van Halen, levou o Vídeo do Ano; "Under the Bridge", do Chilli Peppers, a Escolha da Audiência. Os acontecimentos mais marcantes daquela edição, porém, foram os barracos protagonizados pelo Nirvana, antes e durante seu show. Ainda nos camarins, houve um incidente entre Courtney Love, mulher de Kurt Cobain, e Stephanie Seymour, namorada de Axl Rose, com diversos desdobramentos na mais pura linha de briga entre adolescentes, como o desafio de Cobain a Axl Rose para uma luta no final da festa (o popular "te espero na saída!"), e as diversas cuspidas que o vocalista do Nirvana deu no piano que seria utilizado pelo Guns & Roses para a interpretação de "November Rain" – só que o piano, na verdade, seria usado por Elton John...

No palco, com transmissão para as MTVs de todo o mundo, o Nirvana abriu sua apresentação com versos de "Rape me", música vetada pelos executivos da emissora musical, antes de interpretar "Lithium", conforme o combinado – na verdade a MTV fez de tudo para que a banda de rock mais importante daquela época tocasse o já clássico "Smells Like Teen Spirit", mas não houve ameaça suficiente que convencesse o trio de Seattle. Pra aumentar o folclore, Krist Novoselic jogou seu baixo para cima no fim da apresentação, e como determina a lei da gravidade, o instrumento caiu em seguida e atingiu a testa do músico, que saiu do palco cambaleando.

Cambaleantes de tanto beber, os integrantes do Nenhum de Nós, acompanhados pelo amigo de fé Dante Longo, saíram da festa pós-evento tropeçando nas próprias pernas pelas ruas de Los Angeles, cantando a recém-composta "Todo Americano é Bunda" *(uma marchinha de Carnaval para descontar a indiferença que a banda recebeu de parte do staff da MTV norte-americana)*, e celebrando o momento e encontros com celebridades, como o eterno campeão de Fórmula 1 Emerson Fittipaldi, "que ficou nosso amigo durante a festa inteira, feliz por estar com brasileiros", nas palavras de Dante.

"O problema é que a Teresa, mulher dele, passou a noite toda nos pedindo pra pegar bebida pra ela."

Mesmo que tenha voltado de Los Angeles com o prêmio de "Ao Meu Redor" nas mãos, a banda foi comunicada que a BMG não investiria em um novo videoclipe para o quarto álbum, justamente em uma época em que eles eram fundamentais no processo de divulgação, e apesar do custo baixo de "Ao Meu Redor". A solução foi bancar o vídeo para "Jornais" pelo mínimo valor e o máximo de brodagem possíveis. O *little help* veio dos amigos Zé Adão Barbosa e seu grupo de atores, e do diretor Valério Azevedo. Nas rádios, a faixa acabou tendo um desempenho apenas razoável, e no final de 1992 o diretor de marketing Edson Coelho convocou Tonho Meira para comunicar o rompimento do contrato, "numa atitude bastante louvável", na visão do empresário, por conta da elegância com que a demissão foi conduzida. Apesar de o acordo prever mais três discos e a banda ter lançado apenas dois, não foi preciso devolver o adiantamento recebido. O quinto álbum lançado pela BMG acabou sendo a primeira coletânea de sucessos, da série Acervo, que vendeu 120 mil cópias.

Livre no mercado, o Nenhum de Nós dedicou-se a mais shows, à composição de músicas para o próximo trabalho e aos contatos na busca de uma nova gravadora. Com a intermediação do executivo Marcos Kilzer, que tinha se aproximado da banda durante a gravação da releitura para "Tente Outra Vez" no tributo a Raul Seixas, e o aval do diretor artístico, Max Pierre, surgiu um acordo com a PolyGram para a gravação do quinto álbum de inéditas. Imediatamente Carlão e Thedy foram para o Rio conhecer os estúdios e os demais executivos da gravadora, com quem conversariam sobre a proposta artística do trabalho, mas estranharam a falta de entusiasmo com a contratação. (Falta de) ânimos à parte, no desdobramento do negócio ficou combinado que a PolyGram bancaria uma demotape com as novas músicas. O material seria registrado em Porto Alegre e funcionaria como uma pré-produção do novo disco. De volta para casa, o Nenhum de

Nós negociou um número suficiente de horas e um *lockout* – período em que o estúdio ficaria exclusivamente à sua disposição –, nas práticas e eficientes dependências da EGER, onde tinha feito uma de suas primeiras gravações.

Antes de os trabalhos começarem, Max Pierre se reuniu com a banda na capital sulista. Chegou na casa de Thedy com um CD da banda mexicana Maná na pasta, sugerindo que o Nenhum de Nós trilhasse aquele caminho, porque queria uma pegada mais folclórica. Os músicos acharam o Maná "meio brega", mas seguiram parcialmente os conselhos, ou pelo menos tentaram. O "espírito de demo" deu o tom das gravações, registradas pelo técnico de som Renato Alsher, com direito a algumas ousadias, como guitarras distorcidas misturadas com acordeão, temas longos com solos igualmente longos, ecos e sons atmosféricos. "Era um trabalho bem pesado", resume Alsher. Treze faixas foram registradas, para que a gravadora tivesse um panorama amplo dos possíveis caminhos a serem percorridos. A banda estava convicta de que havia algumas pérolas naquele repertório. Fez uma mixagem rápida, mas criteriosa, e enviou para o diretor artístico, que cobrava ansiosamente pelo material que tinha bancado.

A resposta demorou, e veio sem rodeios: a PolyGram não gostou de nada da demotape. Nada que pudesse servir de referência para uma nova tentativa, algum outro caminho. Os integrantes então voltaram ao estúdio para tentar algo diferente, mas o resultado ainda não agradou. A gravadora tinha sugerido algumas versões e um punhado delas foi gravado, além de mais uma canção própria, "Paraíso", mas o retorno seguiu decepcionante:

– Está melhor, mas ainda não temos o que valha a pena gravar. Tentem outra vez.

Contrariada, a banda travou acaloradas discussões com Max Pierre, até zerar o clima para seguir adiante. Em uma delas, o diretor artístico afirmou que Thedy "era um John Lennon, mas lhe faltava um Paul McCartney", referindo-se ao fato de que a banda tinha atitude,

conteúdo e boas letras, mas precisava trabalhar mais as melodias –
na época o vocalista ficou muito desapontado por não entender o teor
da mensagem, comparações exageradas à parte. Ele conta, por sinal,
que estava tão estressadamente envolvido com o processo de tentar
escrever novas versões e composições, além de manter os contatos
com a gravadora, que foi alertado pela mulher de que estava há quatro dias sem tomar banho...

O contrato recém-assinado foi rescindido, e o Nenhum de Nós,
em vez de entrar no estúdio para gravar seu quinto álbum, como tinha planejado, agendou uma reunião com seus advogados e decidiu
acionar a PolyGram em busca de uma compensação financeira por
prejuízo moral e financeiro. O pedido de uma terceira demo extrapo-
lou os limites da rejeição e estabeleceu um conflito intransponível. A
partir do rompimento, seria necessário reprogramar tudo, voltar ao
mercado em busca de uma nova parceria, contar com um orçamento
extra para se manter na ativa. Acertar o passo novamente, pra sair
daquela dança com lobos.

O produtor paulista Augusto José Botelho Schmidt, mais conhecido como Pena Schmidt, me ligou de um pequeno hotel da tradicional rua dos antiquários de Porto Alegre, a Marechal Floriano, pra falar sobre coisas muito novas e trocar ideias sobre as novidades locais. Estávamos em 1991, ouvindo "Smells Like Teen Spirit" a todo instante nas rádios (e vendo o clipe na MTV brasileira, que estava no ar desde o ano anterior), às vésperas de vivenciar mais uma revolução roqueira nacional: "Criei coragem e fui parar em Austin, Texas, no que seria um protótipo do SXSW (festival South by Southwest), uma conferência de música independente. Em um hotel se reuniam os que procuravam a lógica de se fazer música em pequena companhia, no artesanato. Recém-demitido da Warner Music, que com André Midani tinha se comportado como independente, apostando em artistas criadores de tendências, que eu justamente achava e produzia, eu vi Tom Silverman, da Tommy Boy, uma das primeiras a apostar no rap, dizendo coisas que me fazem muito sentido. O gosto das pessoas muda e é possível captar a mudança antes, descobrir os artistas que se expressam da forma que as pessoas vão gostar. Esse artista não precisa de máquina promocional, porque as pessoas irão promovê-lo. Esse artista precisa de uma pequena companhia, poucas pessoas que o entendam e deixem se expressar. Isso descrevia como eu havia trabalhado e como eu havia conseguido sucesso, com poucas pessoas acreditando em artistas fora da curva. Saí de Austin inspirado e fui começar minha gravadora, sabendo que não seriam mais artistas do eixo Rio/SP. Fui procurá-los dando um rolê pelo Brasil, vendo os amigos, ouvindo suas recomendações locais. Daí nasceu a Tinitus, querendo ser nacional.

O primeiro disco, *Coletânea 1*, saiu com Off The Wall, de Porto Alegre, Beijo aa Força, de Curitiba, Yo-Ho-Delic de SP, Banda Bel, do Rio, e Virna Lisi, de BH".

Pagode, axé e sertanejo predominavam nas rádios brasileiras, mas um profissional da música que trabalhou com Mutantes, nos anos de 1970, coordenou alguns dos mais importantes festivais de rock brasileiro, como o Hollywood Rock original, em 1975, o Rock in Rio 1 e o primeiro Free Jazz, ambos em 1985, e que foi diretamente responsável pela descoberta de Titãs, Ira! e Ultraje a Rigor, quando caçava talentos na Warner, não haveria de se abater pelo sumiço momentâneo do estilo dos três acordes redentores das paradas nacionais.

O Tinitus foi o primeiro selo independente de rock brasileiro dos anos de 1990. Pena enxergou antes o potencial de Chico Science & Nação Zumbi e tentou contratá-los, mas perdeu a concorrência para o recém-criado selo da poderosa Sony Music, que ofereceu um contrato de R$ 40 mil para os propulsores do mangue beat, em 1993. O Chaos já tinha assinado com o Skank e também investiu em Gabriel O Pensador e Planet Hemp na sequência; a BMG reativou o selo Plug e contratou Professor Antena e Pato Fu, pra começo de conversa; a EMI criou o Rock It!, sob o comando de Dado Villa-Lobos (Legião Urbana) e André Muller (Plebe Rude), e apostou em bandas mais alternativas, como Second Come, Pelvs e Gangrena Gasosa, no primeiro momento – entre outras, a gaúcha Ultramen mais adiante; a Warner também quis descobrir novos talentos, e coube aos seus velhos artistas Titãs capitanearem o Banguela, com o gaúcho Carlos Eduardo Miranda como diretor artístico. Ele assinou, entre outros, com

Raimundos, Mundo Livre S.A., Little Quail and the Mad Birds, Maskavo Roots e Graforreia Xilarmônica. Como no exterior, com o Lollapalooza, o surgimento dos selos desencadeou festivais independentes, como o Juntatribo (em Campinas), o Abril Pro Rock (no Recife), o BHRIF (em Belo Horizonte) e o Humaitá Pra Peixe (no Rio de Janeiro).

A estabilização econômica que o Plano Real propiciou, a partir de 1994, contribuiu para o sucesso da nova mídia da indústria fonográfica, o CD, e o crescimento da MTV Brasil influenciou as rádios a incluírem o novo rock em suas programações. Na medida em que havia maior quantidade e melhor qualidade dos videoclipes nacionais, a emissora musical começou a produzir sua própria premiação, o MTV Video Music Awards Brasil, a partir de 1985, com absoluto predomínio roqueiro: o Barão Vermelho ganhou o Melhor Videoclipe do Ano ("Vem Quente Que Eu Estou Fervendo"), contra os finalistas Chico Science & Nação Zumbi, Os Paralamas do Sucesso, Raimundos e Titãs; "Garota Nacional", do Skank, foi o Melhor Videoclipe de Pop e Escolha da Audiência, e até o Melhor Videoclipe de MPB foi para um roqueiro, Nando Reis, com "A Fila".

Depois de uma lenta, mas consistente evolução, a ebulição roqueira nacional teve seu ápice em 1996, quando o Skank literalmente estourou com *Samba Poconé*, dos hits "Garota Nacional" e "É Uma Partida de Futebol", os Raimundos mantiveram a fama com a coletânea *Cesta Básica*, o Pato Fu subiu de patamar com *Tem, Mas Acabou*, Chico Science & Nação Zumbi se consolidou artisticamente com o genial *Afrociberdelia*, o (mais pop) Jota Quest (ex- J. Quest) estreou cativando multidões com *J.*

Quest, e oitentistas consagrados como Paralamas e Titãs frequentaram as paradas com seus discos, *Nove Luas* e *Domingo* – enquanto isso, o Sepultura ganhou o mundo de vez com o espetacular *Roots*.

No Sul, além de a Ipanema FM se manter ativa na disseminação do rock, ela ganhou a companhia da Pop Rock (ex-Felusp) e até da top 40 Atlântida FM, que resolveu comemorar seus 20 anos, em fevereiro de 1996, com um festival, idealizado por Renato Sirotsky, inspirado no Lollapalooza. O primeiro Planeta Atlântida destacou roqueiros do primeiro time como o argentino **Charly García**, **Rita Lee** e **Titãs**, popularíssimos como **Mamonas Assassinas** (que morreram poucas semanas depois), e emergentes como os gaúchos da **Maria do Relento** – além da ala mais pop, com a dançante **Fernanda Abreu** e outra banda local, **Papas da Língua**.

O amplo espaço na imprensa alavancou o mercado sulista e carreiras solo de ex-artistas de bandas do selo Plug, como Wander Wildner, que lançou o independente *Baladas Sangrentas*, e Júpiter Maçã, que lançou *A Sétima Efervescência*, pelo selo alternativo da gravadora Acit, o Antídoto, que também apostou em bandas punk, como a Tequila Baby. Enquanto isso, se os Engenheiros do Hawaii, depois de alçar voos muito altos, tinham dado um tempo para o lançamento do projeto Gessinger Trio, a Cidadão Quem lançava *Lente Azul* pela PolyGram e tinha "Os Segundos" incluída na trilha na segunda temporada da novela teen *Malhação*, da Rede Globo.

10.
DE VOLTA PARA O FUTURO

"Procure o seu caminho / Eu aprendi a andar sozinho / Isto foi há muito tempo atrás / Mas ainda sei como se faz".

Depois de ouvir negativas de grandes gravadoras, a BMG, que abriu mão de lançar o terceiro disco previsto em contrato, e a PolyGram, que não gostou das novas músicas e voltou atrás em sua contratação, o Nenhum de Nós assumiu as rédeas da produção para resumir seu primeiro ciclo de vida em um álbum desplugado, que foi bem nas lojas mas não agradou "na estrada": a turnê *Acústico Ao Vivo* teve forte queda da média de shows, e gerou a incerteza com que a banda entrou em 1996, quando completaria a primeira década da carreira. Havia, porém, a gana necessária na procura de um caminho para provar que o Nenhum de Nós ainda sabia como se faz, mais ou menos como dizem os versos de "Vou Deixar que Você se Vá", a canção para bailar de autoria de Thedy Corrêa e Edgard Scandurra, que mixa os folclores gaúcho e irlandês sob bases de rock inglês, marca registrada do início da segunda fase.

A primeira tarefa prática foi a escolha do produtor. Tonho Meira sugeriu Pena Schmidt (*o mesmo sujeito que ligou de um pequeno hotel da tradicional rua dos antiquários de Porto Alegre, a Marechal Floriano, pra me falar sobre coisas muito novas*), que apreciava pelo histórico

Foto: Raul Krebs

de trabalhos com artistas como o Ira!. A banda gostou da ideia e ele foi contratado para conceber o sexto disco e ajudar a lapidar as cerca de 30 novas músicas, compostas nos 18 meses que antecederam o começo das gravações:

"Eu estava no meio do trajeto da Tinitus e fazia algumas produções atendendo encomendas. Havia feito o 23, do Jorge Benjor, para a Warner, e recebi a proposta para fazer o *Mundo Diablo*, que seria uma produção autônoma, para a própria banda. Negociamos um valor e as condições que eles propunham me atraíram: um bom estúdio em Porto Alegre, com um engenheiro que já os conhecia, durante um mês. Parecia bom. Eles tinham carreira local e um sucesso nacional, não eram radicais sonoramente mas eu já tinha alguma confiança em que saberia buscar ingredientes com força local, agregar personalidade à identidade da banda. Buscar alguma música com potencial de sucesso seria um trabalho conjunto."

Mais do que produzir o álbum, Pena Schmidt ajudou o Nenhum de Nós a reencontrar sua identidade depois da experiência acústica, quase como se fosse um terapeuta. A série prévia de prolongadas sessões de conversas entre artista e produtor logo se desdobrou em conceitos musicais (como o desafio de colocar as guitarras de uma maneira mais orgânica e rítmica nos sons) e filosóficos (como se portar diante da indústria fonográfica?):

"Além das condições materiais propícias para desempenhar o trabalho, havia ali uma convergência de expectativas. A banda sabia que eu não produzia 'musicalmente', por não ser músico, meu método era deixar o meu ouvido descobrir o que havia de especial no que eles faziam, sem dar maiores palpites, do que apontar as boas ideias que surgissem deles mesmos. Eventualmente eu daria uma sugestão que me parecesse fazer sentido, sempre em termos leigos, não musicais: 'aumente o tamanho deste solo, abra espaço para este acorde soar, sinto falta de um apoio no ritmo, palpites na sonoridade'. Afinal, não é segredo que não toco nada, não solfejo nem leio, não entendo de música, sou apenas um ouvinte aplicado. Por isso mesmo, a minha forma de produzir requeria músicos que soubessem se expressar, que tivessem fluência em seu modo de tocar. Para conseguir chegar ao ponto ideal do diálogo sonoro, tivemos de nos conhecer, por isso charlamos muitas horas, muitos dias. Não foi difícil, tomávamos muito mate e comemos alguns assados de vazio, feitos ali do lado do estúdio. No processo aprendi a apreciar e preparar a cuia de chimarrão da maneira apropriada. Saí de lá aprovado, ganhei minha mateira de viagem. Até hoje bebo chá o dia inteiro (mas chá preto). Nas conversas, tentávamos entender e isolar os vícios da indústria. Eles tinham passado por várias produções e haviam sofrido interferências e desgastes da gravadora. Falávamos do que gostávamos, das influências, contávamos causos para ilustrar as barbaridades e folharadas. Mais do que terapia, era uma engenharia social. Tentávamos desvendar quem era o outro, até que chegou o ponto em que pudemos falar a verdade sem rodeios, 'isto não está bom, esta ideia é melhor que aquela', porque as suscetibilidades desapareceram na camaradagem sincera. Toda essa conversa também tinha a finalidade de decifrar a cena discográfica, o que fazer naquele instante de inflexão, como sobreviver se descolando das grandes gravadoras, quais as perspectivas para o Nenhum de Nós como independente. O que eu recomendava fortemente era: façam shows, sejam competentes nos seus shows, estruturem sua vida em função dos shows."

"O bom senso e a clareza do produtor foram fundamentais para que a banda se reconhecesse", segundo Thedy. Ele ajudou a buscar uma nova visão de comprometimento com a carreira.

– Todos os dias vocês têm que fazer pelo menos uma coisa pela banda – Pena repetia.

Renato Alsher, que já tinha feito muita coisa para o Nenhum de Nós, mais uma vez pilotou os trabalhos, produzidos na Tec Audio, "em um inverno bem frio". Pena Schmidt reitera sua "sensibilidade e precisão": "Ele foi o engenheiro de som que registrou todas as nuances, equilibrou os contrastes, energizou os impactos e traçou a perspecti-va sonora muito vibrante deste álbum, pessoa rara".

"O grande legado pra mim deste disco foi conhecer o Pena, uma figura lendária do rock brasileiro", devolve Alsher. "Ele é muito obje-tivo e resolve as coisas. Lembro que ele insistiu pra gravarmos com órgãos Hammonds de verdade, foi muito legal. E recordo também que fizemos muitos churrascos!"

No final do último dia das gravações, o Nenhum de Nós tinha so-mado a sapiência de um produtor experiente, a dezena de boas can-ções que esperavam por um formato definitivo, o bom momento do rock nacional, que deixou o ambiente mais esperançoso, e a evolução dos músicos como compositores (com todo o gás do novo integran-te oficial, João Vicenti). Em *Mundo Diablo*, a banda acertou a mão na sonoridade, nos arranjos e no conceito de rock com gaita e com sota-que gaúcho, que buscava desde que convidou Borghettinho para tocar em uma faixa de *Cardume*, e desde que se aconselhou com Luís Carlos Borges para produzir *Extraño*, já com Veco Marques no time, e que vol-tou a implementar no quarto álbum, mas sem tanta ênfase, por ter per-cebido que a receita ainda estava incompleta – o acústico mixa ambos, mas tem outra intenção, além de ser composto por muitas releituras.

Para encontrar o formato ideal do cruzamento de estilos a que a banda se propôs, foi preciso partir de uma concepção sonora bem definida. Diferentemente de *Extraño*, em que as faixas pré-concebi-das receberam arranjos regionalistas, as músicas de *Mundo Diablo* já foram compostas dentro deste conceito, e nasceram muito mais bem resolvidas. Por insistência do produtor, o disco também tem um vasto diálogo com sonoridades latinas – como em "El Tubadero" e "Flores de Guadalajara" –, e o som do acordeão ganha destaque. Por opção da banda, a influência de bandas como The Pogues e do rock argen-tino se mantém.

Primeiro trabalho por uma gravadora independente, a Velas, o sexto disco do Nenhum de Nós é uma obra referencial de um tempo de misturas regionais com sotaque mundial. Os brasilienses do Raimundos tinham introduzido o hardcore no forró, feito um Ramones do sertão; os pernambucanos do Mundo Livre S.A. fizeram rock com cavaquinho, mixando Jorge Ben e Fellini, e os da Chico Science e Nação Zumbi mixaram maracatu com rock com pegada de hip hop, fazendo Jorge Mautner transar com Beastie Boys; os mineiros do Skank se inspiraram no calango regional pra cair no dancehall à brasileira. Com *Mundo Diablo*, o Nenhum de Nós colocou o melhor tempero sulista neste cenário tão brasileiro/anos 90. Pena Schmidt relata como contribuiu para que esta sonoridade viesse à tona: "Meu ouvido estrangeiro conseguia perceber o sotaque próprio deles, resultado do território, o *terroir* que contamina tudo que fazemos. O meu trabalho era apontar na cadência da guitarra onde estava escondido o bumbo-leguero, e explicitá-lo, trazê-lo à luz. No início havia um acanhamento, uma modéstia em deixar visíveis os traços de cultura local que permeavam uma banda de rock que se dispunha a ser fluente no estilo urbano internacional global, mas ali estava o que dava a eles a identidade. Foi indo assim, sem folclorizar, mas fazendo o bom pop, onde as coisas diferentes se juntam e ornam juntas, aquela escola que gerou o rock, uma soma de muitas cores e localidades, onde o importante era a potência do que resulta, dane-se o purismo. O que se chama diálogo, na verdade é uma herança, como brasileiros que somos, herdeiros de tantas raças, tribos, povos, nações, que vivem misturados em nós. Misturamos escolas, estilos, influências, deixamos vingar uma certa incoerência entre as músicas, uma falta de continuidade proposital. O resultado, na mixagem, me deixava muito feliz pela imprevisibilidade, por não parecer mais um disco normal da banda, mas acima de tudo, pela banda se reconhecer em tudo, nada parecia postiço".

Antes de ser escolhido como título para o disco, *Mundo Diablo* era o nome de batismo da faixa 11, "El Tubadero" (dos versos "É que Deus criou o diabo / Criou o diabo para ser o seu criado / E mostra que em tudo sempre / Existem dois lados / O lado do bem e o outro lado / Mundo Diablo"). "Por se tratar da história de um desafio, de uma interpretação religiosa, se ela fosse muito pesada poderia ser muito levada a sério, por isso botei uma pegada latina com a intenção de imprimir um pouco de ironia", conta o autor, Thedy. O título original mudou para que a faixa não chamasse tanta atenção, como se fosse a principal de um disco em que o conceito permeia todas as canções. O novo nome surgiu em uma das muitas viagens de ônibus em que a banda dribla o tempo assistindo seriados: alguns personagens de *Police Squad* visitam um bar chamado El Tubadero em um dos episódios da série.

Para completar o conceito de um trabalho que aspirava a comunicação com outras correntes, diversas vertentes roqueiras nacionais estão representadas em *Mundo Diablo*, que tem a participação do paulista Edgard Scandurra (coautoria e guitarra solo em "Vou Deixar que Você se Vá"), do mineiro Flávio Venturini, ex-14 Bis (vocais em "Um Pouco Mais"), e do alagoano radicado no Rio Herbert Vianna (parceiro no baladão "Todas as Coisas", com Thedy, e autor de "Nessa Rua"). No release para a imprensa de *Mundo Diablo*, Herbert afirma que "Thedy e Carlinhos Brown lhe ajudaram a vencer a incapacidade de trabalhar com parceria". Quando o álbum foi lançado, a *Folha de S. Paulo* destacou o encontro, em reportagem de Fábian Décio Chacur:

> A dobradinha Herbert/Thedy surgiu graças a várias afinidades. "Temos em comum o gosto pelo pop argentino, há muito ensaiávamos fazer músicas juntos", explica Thedy. Uma segunda parceria, "Um Pequeno Imprevisto", que entrou no novo disco dos Paralamas, tem o verso que deu o nome ao disco, **"Nove Luas"**.

A carga de um estilo que poderia ser rotulado como rock latino-americano ganhou peso com Fito Paez, o principal convidado. Brilhante compositor, produtor e arranjador, ex-tecladista de Charly García, o músico argentino de Rosário é autor do disco mais vendido da história em seu país, *El Amor Después del Amor*, de 1992, e lançou uma versão especialmente para o mercado brasileiro de outra obra-prima, *Circo Beat*, de 1994, em que a música "Tema de Piluso" ganhou versão em português de Thedy, com o nome "Nas Luzes de Rosário". A relação do Nenhum de Nós com o argentino, porém, tem capítulos desde que a banda atingiu uma marca considerável de vendas de *Cardume* e sugeriu para a gravadora lançar suas músicas no mercado latino, mais especialmente na Argentina. Thedy e Sady foram enviados a Buenos Aires e recebidos por Fito, que "foi muito receptivo e tranquilo, humilde até certo ponto", como recorda o vocalista, que tem detalhes da temporada na capital portenha relatados em um diário.

Fito produziu e dirigiu a banda nas gravações de "Camila, Camila", "Eu Caminhava" e "Fuga" em espanhol, mas a ideia do álbum para o mercado sul-americano foi abortada e as faixas foram lançadas em um EP, que só rodou em rádios gaúchas. Em 1991, um dia depois de tocar para 100 mil pessoas no Rock in Rio, Thedy subiu ao palco na primeira apresentação de Fito Paez no Rio de Janeiro, a convite da produtora Ivone de Virgiliis. Ela pediu uma ajuda dos amigos para "dar uma esquentada no show", que atraiu cerca de 100 pessoas, na Torre de Babel.

A parceria prosseguiu com a participação de Thedy em outra apresentação de Fito, mas em Porto Alegre, para um público bem mais numeroso, e depois com a versão para uma faixa de *Circo Beat* em português. Em 1996, quando lançou o álbum *Euforia*, Fito estava novamente na capital gaúcha para um show quando foi convidado a participar de *Mundo Diablo*. Ele topou e tocou teclado em "Nessa Rua", escrita por Herbert Vianna. Ao terminar a gravação, dirigiu-se a Thedy e soltou uma frase que o deixou um tanto desarticulado.

– Estamos quites! *(como se estivesse ali apenas para pagar os favores que o líder do Nenhum de Nós tinha feito para ele).*

Thedy e Carlão no Bangalô.
Foto: Acervo NDN

Quando começa, *Mundo Diablo* tem uma conexão PoA/SP das mais interessantes: Edgard Scandurra recebeu a letra de "Vou Deixar que Você se Vá" em São Paulo, pelo correio, compôs a música, em duas versões e sem refrão, gravou uma fita cassete direto da secretária eletrônica e enviou pelo correio para Porto Alegre. A banda ouviu e preferiu a levada Jovem Guarda, mais alegre, em detrimento da que remete para o blues, e compôs o refrão.

Quando termina, *Mundo Diablo* vai adiante. Aproveitando as maravilhas da mídia da época, o CD, depois da faixa 11 são ouvidos cerca de sete minutos de conversas e ruídos aleatórios, gravados em uma caminhada de Pena no Brique da Redenção, até que entram mais duas músicas, as pesadas "Deixa O Sol Entrar" e "Velocidade", não creditadas no encarte.

"São músicas da nossa fita demo de 93, foi ideia do Pena Schmidt incluí-las no CD assim, são bem diferentes do resto do repertório, que é conciso, pop e melódico", contou Carlão, na reportagem da Folha de S. Paulo.

O escudo que consta na contracapa do encarte é da S.E.R. Nenhum de Nós, um time de futebol que a banda formou por esta época – na foto tirada por ocasião da venda dos 500 mil discos, os integrantes vestem o uniforme da equipe, que inspirou o nome e o símbolo do maior fã-clube da banda, o S.E.R. Nenhum de Nós, fundado em agosto de 1997. No período da febre de bola da banda, sempre eram marcados amistosos antes dos shows, normalmente contra equipes das rádios locais. "Éramos o íbis do rock, apanhávamos de todo mundo", conta o zagueiro João Mitra, que relembra uma partida emblemática: "Chegamos no aeroporto de Cuiabá e fomos de ônibus para Lucas do Rio Verde (MT), onde a banda enfrentaria o time da emissora local antes do show. Estava muito quente e não havia ar-condicionado no veículo, e bebemos cerveja em todo o caminho até chegar na cidade, onde jogaríamos imediatamente. O Andrezinho, nosso iluminador, ficou tão bêbado que chutava a bola contra o nosso time! Levamos outra goleada, e nosso único gol saiu porque o João Vicenti tinha trocado de camisa com o adversário, que vestia o uniforme do Inter, recebeu um passe e chutou para as redes deles." Muitas goleadas depois, a banda resolveu aprumar o time até vencer um campeonato de músicos, promovido pela rádio Pop Rock FM, de Porto Alegre. Veco e Carlão eram os treinadores, João Vicenti o goleiro, Thedy um dos zagueiros, e Sady o atacante.

Mundo Diablo, o álbum que levou o Nenhum de Nós de volta para o futuro, foi lançado no dia 27 de novembro de 1996, no Auditório Araújo Vianna, em Porto Alegre, em um show que preconizou um excelente 1997: em janeiro a banda integrou o *line-up* do Kaiser Summertime Festival, no litoral paulista; no primeiro dia de fevereiro foi aclamada no Planeta Atlântida, no litoral gaúcho, com um show para 55 mil pessoas; em março o videoclipe de "Vou Deixar que Você se Vá", rodado em filme de 16mm e dirigido por Rodrigo Pesavento, chegou ao topo das mais pedidas da MTV; em abril o Nenhum de Nós dividiu o palco com Skank e J. Quest, para 60 mil pessoas, na Praça Charles Miller, em São Paulo, e ainda na capital paulista fez uma temporada de três shows lotados no Centro Cultural São Paulo; as apresentações em solo catarinense, em Blumenau e Florianópolis, também tiveram casa cheia; em julho, nos dias 13, 14 e 15, a banda comemorou oficialmente os seus dez anos de carreira no Theatro São Pedro, com três apresentações lotadas e uma sessão extra igualmente *sold-out* – e a partir dali tornou anuais as temporadas na casa em que registrou o álbum acústico. Pena Schmidt fez a conexão SP/PoA para conferir, e tem outro tipo de registro sobre a noitada: "Catei um avião e cheguei bem estressado, na hora do show, no lindo teatrinho São Pedro, que estava um primor, renovado. Depois fomos todos para um bar comemorar a casa lotada. Senti uma falta de ar e saí para fumar uma cigarrilha no ar frio. Acordei com a esposa do Renato Alsher, médica, dando joelhadas no meu peito. Eu havia literalmente morrido e ela me trazia de volta. Estranharam que eu demorava, saíram e me acharam caído na calçada. Por sorte ela estava conosco, viu a falta de pulso e foi me buscar dando joelhadas no meu coração. Acordei muito bem disposto (embora tivesse urinado nas calças), e dizia para todos que estava ótimo, mas não acreditaram e me levaram para uma UTI, onde passei o resto da noite cheio de sensores e dizendo que estava bem. Voltei para casa com uma calça do Renato. Lembro de um túnel comprido e pessoas falando comigo como se estivessem se despedindo, dando tchau, um bom astral. Disseram que fiquei alguns bons minutos fora do ar. Decretei que daí pra frente tudo era lucro. Chamo Renato de padrinho."

Somados o desempenho comercial do CD *Mundo Diablo*, que custava R$ 18 nas-melhores-casas-do-ramo, e vendeu 24 mil cópias, um bom número para uma gravadora pequena, e a boa aceitação de "Vou Deixar que Você se Vá" e "Obsessão" nas rádios (do Sul do país), o Nenhum de Nós retomou os rumos da carreira e pôde seguir pela década seguinte com mais segurança e foco. Levada por canções bem mais positivas e felizes do que nos primeiros tempos, a banda cumpriu uma turnê vigorosa, com mais de 60 shows em 1997. No final de um ano inesquecível, já havia músicas o suficiente e a necessidade de produzir o segundo disco da nova fase, com outros temperos e intenções. *Mundo Diablo* cumpriu sua missão, mas não teve uma continuação estética. A inquietude gerou as cenas dos próximos capítulos e acrescentou um novo protagonista neste longo roteiro, que atende pelo nome de Sacha. Sacha Amback.

Thedy e Herbert Vianna em show das duas bandas no dia 20 de maio de 1999, no dia seguinte ao nascimento de Stella – filha de Thedy – e para quem o show foi dedicado pelos Paralamas do Sucesso

Foto: Acervo NDN

11.
A VIDA
É BELA

Maradona recebeu a bola no círculo do meio-campo, se desvencilhou de um brasileiro, e depois de outro, e do terceiro, e foi progredindo sem que ninguém lhe tirasse a bola do pé esquerdo até chegar próximo da grande área, quando serviu o loiro cabeludo Caniggia, que driblou Taffarel e estufou as redes. No fatídico 24 de junho de 1990, a Argentina estava eliminando o Brasil da Copa do Mundo, em Turim, na Itália. Os torcedores brasileiros ficaram perplexos com o gol espírita em uma partida na qual a Seleção jogou muito melhor. No Rio de Janeiro, o músico Sacha Amback tinha um motivo a mais pra não entender nada do que estava acontecendo. Ao seu lado, alguns dos gaúchos com quem assistia ao jogo vibravam com o gol dos portenhos: "Fiquei puto com os caras."

Os caras eram os integrantes do Nenhum de Nós, que ele tinha conhecido em janeiro daquele ano, quando estavam gravando *Extraño* no mesmo estúdio em que Lulu Santos registrou o álbum *Honolulu*. Tecladista do *hitmaker*, Sacha frequentemente se encontrava no corredor com os integrantes da banda gaúcha: "Os músicos e amigos deles, como o Dante e o Marcos Lobão, eram interessados em sons eletrônicos e trocávamos muitas ideias, e sempre gostei muito do João Vicenti também, que tocava teclado como eu. O próprio Lulu entrava sempre no estúdio do Nenhum de Nós, inclusive eu e ele fizemos uma pequena participação no disco. Éramos todos da mesma gravadora e acabamos convivendo bastante naquele mês."

Dali em diante, Sacha permaneceu em contato com a banda: "De cara ficamos muito próximos, em Porto Alegre parece que estou com amigos de infância". Ele chegou a tocar teclado com o Nenhum de Nós em um show de festa de rádio na praia de Copacabana, e tem boas lembranças dos longos anos de convívio, da participação em algumas das badaladas festas de fim de ano no apê do *flamboyant* Dante, a noite em que Sady fechou a cobertura do Hotel Atlântico Copacabana e fez um churrasco na piscina. Mas não foi qualquer churrasco. "Eles levaram uma ovelha! Inteira!"

Em 1998 Ronaldo Nazário parece ter comido uma ovelha inteira antes da final de outra Copa do Mundo em que o Brasil não saiu campeão, e foi humilhado pela França na final. Os integrantes do Nenhum de Nós não vibraram com os gols de Zidane, mas Sacha estava novamente entre eles, desta vez para iniciar o seu próprio ciclo com o quinteto gaúcho, uma trilogia que oportunizou os momentos artísticos mais felizes da banda até então, e marcou o começo da segunda fase propriamente dita, a partir de *Paz e Amor*, sucedida por *Histórias Reais*, *Seres Imaginários*, e que se encerrou com *Pequeno Universo*, em 2005: "Eles estavam num impasse danado, se reformulavam ou não a banda, mas são as crises que mantêm a gente respirando", conta Sacha. "O Nenhum de Nós precisava de um produtor em que confiasse, que tomasse uma atitude, e eu fui o amigo. Nessa hora o amigo falou muito alto".

Como quase todos os integrantes do quinteto gaúcho, Sacha tem forte referência da música inglesa. Ele também não é um roqueiro padrão do arquétipo "cabeludo-guitarrista-blueseiro-encrenqueiro", está mais para um bom-moço que não vê problemas em soar pop. Sua formação é de pianista erudito. Sua relação direta com o rock tem dois professores essenciais para o gênero no Brasil, mas que sempre se mostraram abertos e curiosos musicalmente, dispostos a linguagens diferentes: Ritchie, com quem chegou a dividir o duplex de São Conrado em que ouvia passos na escada e o inglês escreveu "Menina Veneno", e Lulu Santos, com quem tocou durante 11 anos. Com o seu cara-metade Sacha, o Nenhum de Nós conseguiu trabalhar suas ideias com uma fluidez inédita. Havia confiança, sobrava cumplicidade.

Os impasses partiam de um novo conceito estético. Em *Mundo Diablo*, ao encontrar a receita sonora folk e rock e regionalista que buscava desde 1988, fortemente herdada de Almôndegas e Musical Saracura, a banda alcançou os seus objetivos estéticos e encerrou muito bem a primeira década. Para a frente, Thedy, o principal compositor e mentor intelectual do quinteto, desejava trilhar um caminho mais contemporâneo, e além do renovado rock inglês (ainda que fosse requentado, o britpop soava moderno), mirava no diálogo com a música eletrônica, que vivia seu auge comercial: *The Fat of the Land*, do Prodigy, contratado pelo selo de Madonna, o Maverick, saiu no segundo semestre de 1997; *You've Come a Long Way, Baby*, do megahit "The Rockafeller Skank", do DJ e produtor Fatboy Slim, é de 1998.

O vocalista e Sacha já vinham conversando sobre versões digitais para sons de Lupicínio Rodrigues, o que resultou no projeto *Loopcinio*, lançado em 2005 (com Renato Alsher), e Thedy também trocava ideias com outro produtor fundamental para o pop brasileiro dos anos de 1990, Dudu Marote, muito apreciador de eletrônica, especialmente de Fatboy Slim naquele momento. Por influência de Marote, as demos de *Paz e Amor* têm *samplers* de músicas do DJ inglês, por sinal ex-integrante de uma banda de rock, o Housemartins.

A porção mais roqueira do novo trabalho inevitavelmente teria uma sonoridade que remetia à terceira invasão inglesa, o britpop, que deu as cartas a partir de 1994, e consagrou Oasis, Blur, Pulp, Radiohead e outra dezena de bandas que fizeram a trilha sonora da Era Tony Blair – um primeiro-ministro que convenientemente surfou no movimento. O riff de "Você Vai Lembrar de Mim", por exemplo, tem a levada de guitarra de Noel Gallagher e o formato de melodia do Oasis – e a música como um todo poderia ter sido escrita por alguma banda britânica, tanto quanto a faixa-título, "Paz e Amor".

Criadas na medida em que os shows do bem-sucedido *Mundo Diablo* eram feitos, as canções para o próximo trabalho surgiram muito inspiradas. Antes mesmo de escolher o produtor, os demais músicos da banda e o técnico de som Renato Alsher entraram na viagem de Thedy e radicalizaram na parte eletrônica, buscando formatos, trabalhando com *samplers*, propondo batidas, nos estúdios da Tec Audio. Em meio às experiências sonoras, surgiu o nome de Sacha, pelo fato de ele dominar o lado eletrônico, e o nome foi aprovado de imediato. Paradoxalmente, o subgênero de música eletrônica predileto do produtor era o climático e sombrio trip hop, bem oposto à proposta de canções felizes que a banda tinha para trabalhar: "Nunca fui tão íntimo com as bandas que inspiram eles, eu gostava mesmo de Portishead e Massive Attack."

Mesmo assim, quando o carioca colocou a mão na massa, tudo ficou mais fácil, como analisa Thedy: "Sacha, por admirar a banda, nunca quis transformar o Nenhum de Nós no que não era, e assim nos fez consolidar a autoestima enquanto criadores e acreditar em nossa mão como arranjadores e compositores, além de contribuir para que tivéssemos mais certeza do caminho que estávamos tomando. Ele somou muito em sonoridade com a sofisticação como arranjador e, ao colocar elementos que aliviavam a parte rítmica, como os loops e as cordas, nos aproximou de formatos mais abertos e experimentais. Além disso, deixava o ambiente muito leve, e a criação era sempre prazerosa."

Gravado na Tec Audio e no Estúdio Gorilla, no Rio de Janeiro, *Paz e Amor* é uma coleção de canções com uma sonoridade pop muito poderosa, em que as guitarras e os teclados, claramente inspirados no rock psicodélico sessentista com o filtro da cena Madchester

Sacha Amback e Renato Alsher, amigos
e profissionais fundamentais para a
história do Nenhum de Nós, acompanham
as gravações de *Paz e Amor*
Foto: Acervo NDN

dos anos de 1990, se sobressaem. "A gaita ficou meio guardada", pontua Sacha, que considera João Vicenti "um tecladista tremendo, com ideias certeiras". Sua colaboração no trabalho dele foi mais técnica: "Me limitei a tirar melhor o som no sintetizador, porque ele não tinha a manha da programação do instrumento." A outra questão técnica foi o uso da bateria eletrônica. Para alcançar o resultado necessário, Sacha e Sady samplearam algumas peças, programaram o som do bumbo, da caixa e dos tons, além de algumas viradas, e colocaram tudo no computador.

Com todas as letras escritas por Thedy (exceto "Eu Sei", de Carlão), maduras e carregadas de uma felicidade contemplativa, as canções de *Paz e Amor* surgiram depois de o Nenhum de Nós vencer seus maiores desafios internos e poder ser influenciado por um espírito mais global de uma década que se iniciou libertária e congregadora com a queda do muro de Berlim, em 1989, viu que a Aids poderia ser, pelo menos, controlada, e foi marcada pelo binômio hedonista moda + música eletrônica, além da consagração do hip hop e da volta do rock norte-americano com o movimento grunge, que fortaleceu a cena alternativa, e inglês, com o britpop.

A música com a maior carga de emoção desse contexto é a já citada "Você Vai Lembrar de Mim" – "Tudo bem se não deu certo / Eu achei que nós chegamos tão perto / Mas agora, com certeza, eu enxergo / Que no fim eu amei por nós dois", que se alinha facilmente na coleção de hits certeiros preconizada por "Camila, Camila", e que no disco anterior tinha como destaque "Vou Deixar que Você se Vá" – cuja parente próxima em *Paz e Amor* é a dançante "Na Janela", que tem participação de Nei Van Sória, o ex-Cascavelletes que naquele ano lançou um bom disco solo, igualmente influenciado pelo britpop, chamado *Jardim Inglês.*

"Tão Diferente" é a balada clássica, movida pelo piano econômico e certeiro de João Vicenti, e que ganhou um eficiente arranjo de cordas, conduzido por Sacha. As três releituras do disco também são canções da linha mais contemplativa: "Rezo por Nós", de Char-ly García (com participação de Nei Van Sória), "Meu Mundo e Nada Mais", de Guilherme Arantes, e "Telhados de Paris", de Nei Lisboa.

Para completar a saga britânica, a banda foi mixar o primeiro disco do novo ciclo no Rockfield Studios, no País de Gales, com Dave Charles, engenheiro de som para discos de Jeff Beck, Nick Lowe e Stray Cats, e produtor do álbum *Tellin' Stories*, de 1997, maior su-cesso comercial da banda britânica The Charlatans. A primeira pa-rada, porém, foi no Rio de Janeiro, no estúdio de Sacha, na Barri-nha, onde os ajustes finais de som estavam sendo feitos, e as vozes seriam gravadas. Além do vocalista e do produtor, Nei Van Sória e Renato Alsher vivenciaram uma epopeia:

Sacha: "Tínhamos um prazo pra levar o adat pra o exterior, tra-balhamos com muito Cava *(espumante espanhol)* na cabeça pra con-seguir cumpri-lo."

Thedy: "O disco tinha um deadline apertado pra gravar, e aca-bamos atrasando."

Sacha: "Era comum faltar luz lá na Barrinha."

Thedy: "O estúdio em Gales estava marcado e só na véspera da viagem eu fui gravar todas as vozes!"

Sacha: "Faltavam ainda nove vocais do Thedy e dois do Nei, e conseguimos um microfone especial para os registros. Só que ele foi gravando e não estava rolando!"

Thedy: "Acho que pela pressão e tensão eu comecei a cantar e não fluía, e fui ficando mais nervoso na medida em que o tempo passava."

Sacha: "Aí parou tudo porque faltou luz. Ficamos esperando no estúdio, porque tínhamos que terminar a gravação. Até começamos a cogitar de gravar no Rockfield, mas não tínhamos certeza de como seria lá."

Thedy: "O jeito foi pedir uma pizza e algumas cervejas. Quando a luz voltou e ligaram o microfone, que tinha um pré com válvula, deu uma descarga e queimou!"

Sacha: "Foi um pavor, mas o Renato Alsher foi atrás de outro microfone, no estúdio mesmo, e encontrou um Neumann velho, amassado de tão velho, ligou o aparelho e a voz saiu ótima!"

Thedy: "Eu finalmente tinha relaxado. A última voz que gravei foi para 'Paz e Amor', às sete da manhã. Mas foram as vozes que ficaram no disco."

Sacha: "Foi bom gravar sem poder errar, era o que norteava a gente. Mas se tivéssemos uma hora a menos, não ia dar tempo."

O bucólico Rockfield Studios fica na vila de Rockfield, Monmouthshire, no País de Gales. É um lugar simples, "sem nenhum glamour, sem frescura, mas com um puta som, de verdade", na descrição de Sacha – não à toa o Motorhead gravou seu primeiro disco lá, o Queen os álbuns *Sheer Heart Attack* e *A Night at Opera*, e o Oasis *What's the Story, Morning Glory*: "Dave Charles tem uma concepção de paisagem sonora inglesa, sem aquela obsessão em parecer mono ou ficar mais alto, era outra intenção, com muita personalidade pop."

Renato Alsher ressalta que no "primeiro estúdio-fazenda do mundo o aprendizado foi gigante", e tem boas lembranças da semana: "Nós três ficamos numa casa, com um um maître à disposição, que fazia todas as refeições. Mas nós não fomos juntos, Thedy chegou antes e eu encontrei com ele em Londres. Sacha foi um dia depois. Partimos de trem pra Gales, e um assistente do estúdio nos pegou na estação. Quando o mesmo cara foi pegar o Sacha, o Thedy escreveu à mão uma placa de identificação que dizia 'Mr. Sacha Amback Putão'. Sacha desceu do trem, começou a rir e ficou nos procurando, mas não estávamos pra acompanhar a pegadinha. Piadas à parte, o olhar britânico do Dave Charles sobre o som do Nenhum foi muito interessante."

O trio retornou ao Brasil com um disco tão bom quanto *Mundo Diablo* nas mãos (mas com sonoridade diferente), que foi lançado pela gravadora Paradoxx, no final de 1998, e fez a banda reaparecer, gradativamente, no circuito de execução radiofônica nacional, especialmente em São Paulo e Minas Gerais, com "Você Vai Lembrar de Mim", que ganhou um videoclipe dirigido por Rodrigo Pesavento, filmado no Mercado Público de Porto Alegre.

A "Paz e Amor Tour" marca a entrada de mais um integrante fundamental da família Nenhum de Nós, Fernando Dimenor. Ele já tinha trabalhado esporadicamente como *roadie*, e se envolvido com o disco de 1998, quando era assistente de estúdio da Tec Audio, mas no final da turnê entrou definitivamente para a equipe, como técnico de monitor. Dois anos mais tarde, Alsher foi trabalhar com a cantora Marina e Dimenor assumiu seu posto, como operador de P.A. Ele participa de todos os shows e discos da banda desde então, e também em produções de Thedy, Veco e João Vicenti.

A volta por cima com seus dois melhores discos incentivou o Nenhum de Nós a olhar, com brevidade, para trás. No início de 2000 saiu o álbum *Onde Você Estava em 93?*, pelo selo roqueiro da gravadora gaúcha ACIT, o Antídoto. Trata-se da demotape rejeitada pela PolyGram, gravada na Tec Audio com o auxílio sempre luxuoso de Renato Alsher, em que estão as versões originais de músicas já conhecidas, como "Diga a Ela" e "Dentro de Você" (a faixa 11 de *Mundo Diablo*, que ganhou o título de "Todas as Coisas"). Mais pesado e mais radical, até porque era um experimento sonoro a ser desenvolvido, o CD saiu com uma capa inspirada em *Yellow Submarine*, dos Beatles, desenhada por Eduardo Muller.

"Gostávamos muito do disco, era um retrato das nossas cabeças naquela época", explica Thedy. "Para nós era evidente que era um material muito bom que a gravadora não entendeu porque não quis dissecar, faltou boa vontade".

De volta para o futuro, a bordo do século 21, em que a música começou a ser massivamente consumida em um novo formato, o mp3 (que em pouco mais de 15 anos já se tornou obsoleto), determinante para que a maneira de produzi-la, ouvi-la e consumi-la mudasse completamente, o Nenhum de Nós recrutou Sacha Amback mais uma vez, agora para conceber seu oitavo disco de estúdio (incluído aqui *Onde Você Estava em 93?*), décimo primeiro de carreira, acrescentados o acústico ao vivo e duas coletâneas – em 1999 a BMG lançou mais uma, pela série Focus.

Histórias Reais, Seres Imaginários foi gravado em Porto Alegre, na Tec Audio, e mixado no Estúdio Gorila, do Rio, por Valter Costa, engenheiro predileto de Sacha – as demos, todas escritas depois de *Paz e Amor*, tinham sido mixadas por Jongui, que anos depois foi o baterista dos shows do álbum *Loopcinio*, acompanhando Thedy e Sacha no palco. O resultado é pop e adulto. Todas as letras, novamente de autoria do vocalista, eram inspiradas em histórias reais de amigos e amigos de amigos, radicalizando em uma marca registrada da banda desde os tempos de "Camila, Camila". Conceitual, o trabalho gráfico segue por este caminho, com fotos de 35 "seres imaginários" – mais precisamente jovens personagens reais da vida porto-alegrense.

Thedy diz que "o disco é muito Sacha". O produtor diz que se trata do melhor trabalho sonoro do Nenhum de Nós, "que acertou a mão em praticamente todas as canções". Ele elogia a criatividade e as "atmosferas incríveis" criadas por Valter Costa, e conta que deu mais ideias desta vez, e inclusive chegou a tocar em sons como "Amanhã ou Depois", que se transformou no carro-chefe do disco, embora, como nos tempos de "O Astronauta de Mármore", fosse uma faixa em que a banda não acreditava: "É a melhor música, mas eles não queriam, não ia entrar no disco mesmo, daí eu insisti e entrou na marra".

A balada que abre os trabalhos do álbum nunca mais saiu do repertório da banda, assim como "Julho de 83" (que um executivo da gravadora estranhamente sugeriu trocar o nome para "Julho de 93", porque isso aumentaria seu potencial radiofônico), e "Eu Não Entendo", dos versos "Eu não entendo a sua volta / Eu não entendo a sua indecisão / Num dia sou seu grande amor / No outro dia não,

não, não / Por que a surpresa da sua volta? / Justo quando eu tento vida nova". O disco foi lançado em janeiro de 2001, e tem participação especial de Herbert Vianna, que tocou guitarra em "Nego", e da backing vocalista de Charly García, a argentina María Gabriela Epumer, em "Amanhã ou Depois", além dos teclados adicionais de Sacha em sete faixas.

Por conta do bom desempenho dos álbuns anteriores, a Sony Music, que tinha recém efetivado Liminha, o icônico produtor do rock nacional dos anos de 1980, como diretor artístico, resolveu lançar *Histórias Reais, Seres Imaginários*. "Apresentei a demotape para quatro gravadoras em apenas dois dias, no Rio de Janeiro, e o Liminha foi o mais interessado, escutou praticamente todo o repertório junto comigo", conta Tonho Meira – depois o produtor, e baixista consagrado, elogiou as linhas de baixo do disco. Novamente ligado a uma *major*, o Nenhum de Nós enfrentou os mesmos problemas de sempre: apesar de "Amanhã ou Depois", cujo videoclipe foi dirigido por Pietro Sargentelli, ter ido muito bem nas rádios de todo o país, e embora tenha produzido um segundo single, com a canção "Eu não Entendo" (contrariando a sugestão da banda, que preferia "Notícia Boa"), a gravadora não fez muito esforço para continuar divulgando o álbum.

"A Sony fez um puta trabalho de divulgação na arrancada", lembra Tonho. "Seis ou sete meses depois do lançamento, porém, em uma reunião de avaliação do marketing, fui duramente cobrado por executivos da gravadora, com o argumento de que as vendas no Sul estavam sendo atrapalhadas por um outro disco da banda, que estava entrando a rodo nos grandes distribuidores, com valores e condições bem abaixo das praticadas pelo mercado. Era o álbum *Onde Você Estava em 93?*, do ano anterior."

Mesmo assim, *Histórias Reais, Seres Imaginários* rendeu excelentes frutos comerciais para a banda, regionais e nacionais, e intensificou a tendência de renovação de público, que se consolidou nos anos seguintes. Tanto que o repertório dos shows priorizava as músicas dos trabalhos mais recentes. O novo milênio começou como nos melhores sonhos. Aliás, um deles gerou uma das músicas do álbum. Thedy explica: "Era uma época em que eu andava escutando muito o disco *Na Pressão*, do Lenine. Uma tarde, dormindo em um hotel de Joinville, eu simplesmente sonhei que havia composto a música com o Lenine, numa parceria encomendada pela gravadora para o novo disco da Fernanda Abreu. Eu e ele fomos mostrá-la para os executivos de uma gravadora que ficava literalmente no Monte Olimpo. Os caras nos receberam vestidos como deuses gregos e nos pediram para cantar. Sem instrumentos, eu e o Lenine começamos a cantar fazendo o ritmo com a palma da mão. Eu despertei quando terminamos de cantar. Peguei um caderno, uma caneta e o violão, e transcrevi imediatamente o que eu havia sonhado. Tempos depois contei para o Lenine, que achou fantástica nossa parceria onírica."

12.
FEITIÇO DO TEMPO

O Nenhum de Nós entrou acelerando no século 21, e em três anos já tinha comprimido parte das décadas anteriores, como se as tivesse convertido em um arquivo de mp3: primeiro aproveitou o bom momento e lançou a demo renegada *Onde Você Estava em 93?*, que tem ecos da crueza da estreia e do experimentalismo do terceiro álbum; depois enfileirou hits, em *Histórias Reais, Seres Imaginários*, tomando as paradas de sucesso e ocupando um grande espaço nas rádios, como o fez em *Cardume*; finalmente, lançou um disco ao vivo em que compilou em outro formato os melhores momentos dos últimos anos, e novamente ganhou um Disco de Ouro pelo trabalho.

Por mais que seja uma reprise com muitas semelhanças, a história de *Nenhum de Nós Acústico Ao Vivo 2*, gravado em dezembro de 2002 e lançado em 2003, tem um início muito mais feliz do que o do álbum que abre os trabalhos deste livro, de 1994. Aliás, um início, um fim e um meio bem mais felizes. Pra começo de conversa, o quinteto gaúcho (reforçado por Nico Bueno e Luciano Reis nesta temporada) tocava regularmente no Theatro São Pedro, o que concedia mais naturalidade ao acústico e ao vivo; outra vantagem era a opção de escolher entre os melhores takes de uma temporada de quatro shows (dias 6 e 7 de dezembro e duas sessões dominicais, em 8 de dezembro), em vez de uma apresentação única; além disso, o projeto já nasceu com uma gravadora, pequena, mas muito bem colocada no mercado local, a Orbeat, da RBS, presidida por Renato Sirotsky e com o experiente Raul Albornoz na direção artística; pra completar, a banda estava em um momento de ascensão e renovação de público, bem oposto da crise que enfrentava na metade dos anos de 1990.

Depois da gravação, o show foi lançado em CD, coproduzido por Renato Alsher e o Nenhum de Nós, e DVD, dirigido por Renê Goya Filho. "Neste acústico todos tínhamos mais experiência", pontua Alsher. "Além disso conseguimos usar o melhor sistema possível pra captação de áudio ao vivo, da empresa paulista GABISOM, em 48 canais. Foi a primeira vez que se levou um sistema de gravação de outra cidade para Porto Alegre, e naquela época a diferença em relação aos equipamentos locais ainda era muito grande. Assinei como coprodutor por organizar a pós-produção, mas o material que recebi, produzido pela banda, estava muito bem feito. Acabamos comprando um sistema 5.1 só pra fazer a mixagem!"

A turnê foi um sucesso de público, com plateias muito bem acostumadas com versões acústicas. As vendas do CD ultrapassaram as 100 mil cópias, e as de DVDs, um produto que estava em alta em 2003, mais de 15 mil. Ambos renderam discos de ouro para a banda.

O meio desse processo está listado na contracapa do CD: um renovado repertório de 14 músicas, sendo dez dos três álbuns mais recentes (duas de Mundo Diablo, três de Paz e Amor, cinco de Histórias Reais, Seres Imaginários), uma de Cardume, uma de Extraño, e uma do quarto álbum, Nenhum de Nós – só nas faixas bônus do DVD figuram os antigos sucessos "Camila, Camila", "O Astronauta de Mármore", "Sobre o Tempo" e "Diga a Ela". A única releitura, sugerida por Raul Albornoz, é um grande acerto: "Um Girassol da Cor de Seu Cabelo", clássico da dupla mineira Lô Borges e Márcio Borges, faixa 2 do lado 2 de um dos álbuns mais brilhantes e importantes da MPB, Clube da Esquina, de 1972 – e que foi escolhida pra ser a primeira música a tocar nas rádios. Mineira especialmente convidada pela banda para acompanhar os shows, a assessora de imprensa Ângela Azevedo produziu um emocionado diário de bordo sobre a temporada. Do momento que antecede a interpretação do clássico, ela escreveu:

Thedy conta que em 15 anos o Nenhum de Nós já havia percorrido vários lugares do Brasil, mas tinha um especial carinho por Minas, e que nas montanhosas terras das Gerais havia feito muitos amigos, e anuncia que a banda vai tocar "Girassol", de Lô.

Em 2002, numa reportagem da revista *Frente*, que eu editava com os bróders Ricardo Alexandre e Emerson Gasperin, abordamos o cenário pop brasileiro no princípio do século 21. O mercado gaúcho ganhou destaque por conta de sua vigorosa capacidade de autossustentação, embalado pela geração que sucedia a turma do *Rock Grande do Sul*, dos anos de 1980, e os roqueiros dos 80 que aconteceram nos 90 (Júpiter Maçã, Wander Wildner, Graforreia Xilarmônica...). Entre os dados concretos estavam os 92 shows da Comunidade Nin-Jit-su em 2001 (um a mais que a estrela nacional Cássia Eller no mesmo período, a bordo do bem-sucedido *Acústico MTV*), a média de três apresentações semanais da Cachorro Grande, então com apenas um disco lançado, os 35 mil ouvintes por minuto das rádios FM que tocavam artistas de rock gaúchos, Ipanema, Pop Rock e a Atlântida (em seu playlist básico de 32 sons, oito músicas eram de bandas locais), o amplo espaço na TV, em programas como o Drops MTV/RS (apresentado pela futura atriz global Tainá Müller), o Patrola (RBS), o College Radio (Band), e o Radar (TVE), e o lançamento da Orbeat, que entrou em cena contratando Tequila Baby, Cidadão Quem, Groove James e Da Guedes – e depois acolheu o Nenhum de Nós. Por sinal, com a saída de Raul Albornoz, Thedy foi efetivado como o novo diretor artístico do selo: "Os demais integrantes da banda não foram muito simpáticos à ideia, pois acharam que o cargo tomaria muito meu tempo, mas não foi o que aconteceu" – com ele no comando, a Orbeat lançou trabalhos bem-sucedidos como o acústico do Papas da Língua, o primeiro projeto de DVD da dupla Kleiton e Kledir e álbuns de Armandinho e Luiz Marenco (grande nome da música nativista gaúcha).

Com 17 anos de carreira ininterrupta em 2003 e a formação original mantida, acrescida de dois novos integrantes que igualmente permaneceram, o ciclo virtuoso dos quatro últimos discos indicava o longevo Nenhum de Nós entre os protagonistas dessa nova formatação do rock feito no Sul, assim como tinha sido nas décadas e cenas anteriores. A condição assegurava excelentes perspectivas futuras, e o próximo passo foi retomar a parceria com Sacha e partir para o registro de outro álbum de estúdio. *Pequeno Universo* tem canções inéditas escritas por Thedy, parcerias com integrantes da banda – Carlão ("Simples" e "Monstrinhos"), Veco ("Esperanças Perdidas" e "Divididos") e João Vicenti ("Igual a Você" e "Sempre Sim") –, e uma letra escrita pela consagrada escritora Martha Medeiros, "Feedback". Duas versões completam o repertório, "Eu e Você Sempre", do sambista carioca Jorge Aragão, mas paradoxalmente inspirada em Radiohead, e "Raquel", do "cantautor" uruguaio Jorge Drexler, que vivia o ápice de sua carreira – em 2004 sua música "Al Otro Lado del Río", trilha do filme *Diários de Motocicleta*, ganhou o Oscar de Melhor Canção. Também em 2004, o Nenhum de Nós alcançou a marca de mil shows no dia 2 de abril, com uma apresentação comemorativa para mais de duas mil pessoas, no auditório Araújo Vianna.

Lançado no segundo semestre de 2005, o trabalho que fecha o ciclo Sacha é uma evolução de *Histórias Reais, Seres Imaginários*, mais uma vez maduro, com extrema vocação pop e guitarras e teclados cirurgicamente a serviço das canções, porém menos conciso que o disco anterior com o produtor carioca. A liberdade que o bom momento artístico e comercial concederam se refletem na inclusão de uma canção insólita no contexto roqueiro da banda, que assustou o próprio Sacha em um primeiro momento: "Eu sempre confiei muito no Thedy, sei que ele não é de vacilar, mas quando me disse que tinha uma música do Jorge Aragão eu pensei, 'que merda'! Mas depois de ouvir eu entendi!"

Thedy conta que a princípio a banda não topou, mas depois de Sacha ouvir a demo ele achou que seria bacana para o repertório do disco e acabou convencendo os demais. Ex-integrante do grupo de pagode Fundo de Quintal, Aragão tem sambas interpretados pelos maiores nomes do estilo de sua geração. "Eu e Você Sempre", de 2000, ganhou um arranjo mais eletrônico e com guitarras rascantes, bem oposto da versão original. Diferente no contexto sonoro de *Pequeno Universo*, a releitura é, de certa forma, uma extensão da parceria Thedy/Sacha, que resultou no lançamento de *Loopcinio* no primeiro semestre.

Outra surpresa do nono álbum de estúdio do quinteto é a capa, que na verdade é um miniencarte, com ¼ do tamanho de uma capa tradicional de CD, em tons vermelhos. Para manter a conexão portenha, a obra foi desenvolvida pelo artista visual argentino Alejandro Ross, responsável por álbuns de Gustavo Cerati, Fito Paez, Mercedes Sosa e Soda Stereo. Entre tantas novidades, uma volta ao passado: assim como no acústico de 1994, o baixista Nico Bueno é o músico convidado do álbum. Ele tocou em todas as faixas da obra que recebeu o Prêmio Açorianos de Música, um troféu concedido anualmente aos melhores trabalhos de artistas gaúchos, como o Melhor Disco Pop – e não é exagero incluí-lo no top 3 dos melhores discos do Nenhum de Nós.

Não apenas por ser a escolhida para tocar nas rádios e ganhar um videoclipe, dirigido por Marcelo Nunes, uma música que já existia na época do *Acústico 2* e chegou a ser cogitada para o álbum, mas ficou guardada para o próximo disco de estúdio, chamada "Dança do Tempo", é a mais emblemática do álbum. Emoldurada por guitarras e teclados que remetem mais uma vez ao rock mancuniano, de Smiths ao Charlatans, ela situa o momento da banda e de seus integrantes, adultos, casados, pais de família (exceto Sady, que não tem filhos):

Olhe / Sempre pros dois lados / Antes de julgar / De se manifestar / Ou pra cruzar a rua / Pense / Antes de escolher /

Alguém pra namorar / Alguém para ficar / Quem sabe a vida inteira / Por favor entenda / Se eu pedir / Pra você / Não voltar tão tarde / Isso aconteceu / Quando no seu lugar / Quem estava era eu / Isso não vai mudar / Até alguém encontrar / Outro jeito de amar / Veja / Quem são os seus amigos / Com quem tu vai andar / Se dá pra confiar / Em todos os sentidos / Ame / Quem você quiser / Não vá se machucar / E não esqueça de avisar / Tudo isso aos seus filhos.

O Nenhum de Nós entrou o vigésimo ano de carreira a bordo do bom desempenho de *Pequeno Universo*, e começou as comemorações em mais uma edição do Planeta Atlântida, em que abriu seu show tocando "Lithium", do Nirvana. "Cada Lugar", a música da vez nas rádios, teve a participação especial do Engenheiro-do-Hawaii-em-carne-e-osso Humberto Gessinger, em um momento inédito de colaboração entre as duas bandas de rock gaúchas mais bem-sucedidas comercialmente – que, de resto, seguiram suas vidas bem distantes uma da outra, como sempre.

O show comemorativo propriamente dito veio em 24 de abril de 2007, no Parque da Harmonia, em Porto Alegre. Foi, provavelmente, a maior produção de uma estrutura na rua, em local aberto, para uma banda gaúcha, com mais de duzentas pessoas trabalhando no dia do evento. O CD e o DVD *Nenhum de Nós a Céu Aberto* foi distribuído pela gravadora Universal e produzido por Paul Ralphes. Ex-baixista da banda Bliss, *one-hit-wonder* conhecida por "I Hear you Call", grande sucesso no Brasil em 1987, Ralphes é mais um galês na vida da banda gaúcha. O Nenhum de Nós, por sua vez, é mais uma banda gaúcha na vida do executivo da Universal. Em 2005 ele produziu o *Acústico MTV* que reuniu Wander Wildner, Cachorro Grande, Ultramen e Bidê ou Balde.

Fã do rock sulista, "fundamental e positivo nos detalhes e arranjos, com opiniões radicais, inclusive de tirar versos de algumas músicas, mas sempre com bons argumentos", como analisa Thedy, Ralphes conduziu sem estresse o processo que culminou com o lançamento do terceiro álbum ao vivo da banda, o primeiro com os instrumentos plugados. No show, que impressiona ao comprovar a definitiva renovação de público, a banda ganhou o reforço do *roadie* Luciano Reis, no violão, e do guitarrista Estevão Camargo, mas no baixo – que a partir de *A Céu Aberto* participou como convidado dos demais discos do Nenhum de Nós.

O convite emergencial para Estevão foi feito por conta da desistência de última hora de Nico Bueno, que se dedicou ao combo de jazz Delicatessen. Com pouco tempo para encontrar um substituto (Nico acompanhou a banda nos shows de *Pequeno Universo*), Thedy priorizou algum amigo que pudesse se entrosar musical e afetivamente com a banda, tendo em vista a maratona de ensaios pela frente. Sabedor de que o guitarrista Estevão eventualmente tocava baixo nos shows que fazia com o radialista Everton Cunha, o Mister Pi, da Rádio Atlântida, ele conversou com os demais integrantes do Nenhum de Nós e houve consenso na escolha.

Quando os ensaios começaram, já com a presença de Paul Ralphes, o produtor ficou preocupado: "Estevão é um ótimo músico, mas, definitivamente, não é um baixista. Ele vê as músicas como guitarrista." Thedy disse que era apenas uma questão de tempo para que isso mudasse; Paul foi bastante cético, mas quando voltou de uma viagem de uma semana ao Rio de Janeiro, ficou espantado: "Isso é incrível, mas o Estevão virou um ótimo baixista!"

Nascido em São Gabriel como João Vicenti, o autodidata Estevão começou a tocar violão com sete anos, gravou seu disco de estreia com 13, e sua primeira banda tocava um *cover* de "Camila, Camila": "Eu nunca tinha tocado baixo no palco, só em casa, em pequenas gravações, e nem imaginaria fazê-lo, mas um convite vindo de uma banda que sempre foi de referência para mim era irrecusável."

O repertório de *A Céu Aberto*, mais uma vez, prioriza os sucessos mais recentes, acrescidos das antigas e confirmadas "Camila, Camila", "O Astronauta de Mármore", "Extraño", "Sobre o Tempo", "Diga a Ela" e "Paraíso", e com duas faixas inéditas, "Desejo" e "Santa Felicidade", que foi single do disco. Sugerida por Tonho Meira, a cantora colombiana Ivonne Guzmán é a convidada especial da apresentação, na música "Igual a ti", versão em espanhol para "Igual a Você", que ela ajudou a fazer.

A apresentação comemorativa dos 20 anos encerra a segunda fase do Nenhum de Nós, e ao mesmo tempo encaminha os excelentes resultados dos próximos dez anos. Numa época em que já convivia com a migração quase que definitiva da música para o universo on-line, a banda alcançou nos shows a melhor média de público de toda a sua carreira.

O disco seguinte, porém, é um parêntese no processo evolutivo que marca a terceira fase: no ano 2000, a temporada de apresentações acústicas de *Paz e Amor* foi registrada em áudio, e sua máster guardada com a ideia de ser disponibilizada para os fãs, como um item de colecionador. Em 2009, quando a vida útil comercial de *A Céu Aberto* já estava perdendo o fôlego e ainda não havia um novo disco de estúdio pronto, chegou o momento de transformá-lo em um produto, que se materializou no quarto álbum ao vivo, terceiro desplugado no Theatro São Pedro, chamado *Paz e Amor Acústico*. O CD saiu pela Ímã Records, com 17 faixas, incluídos os bônus, entre elas *covers* para "Jealous Guy", de John Lennon, "Metamorfose Ambulante", de Raul Seixas, "Marcas do que se foi", dos Incríveis, e "Abraços e Brigas", do parceiro Edgard Scandurra.

Esteticamente, a terceira fase propriamente dita do Nenhum de Nós se inicia em 2010, logo depois de a banda cruzar o mundo para representar a cultura de Porto Alegre na China, em junho, quando fez um show no palco da UBPA da Expo Xangai. No mês de agosto, o *single* com o rock "Outono Outubro" preconiza o fim de um hiato de seis anos sem um trabalho de estúdio. A faixa está no CD *Contos de Água e Fogo*, lançado em abril de 2011, novamente pela Ímã Records. Em uma entrevista para o jornalista baiano Álvaro Andrade, Thedy explicou o conceito do trabalho: "Somos artistas que acreditam muito no formato de álbum. Tem uma lógica no trabalho que é honesto que chegue ao público. A gente é artista à moda antiga, que gosta de trabalhar grupos de canções, de aprofundar."

O vocalista também elogiou a nova cena sulista, citando as bandas Apanhador Só, Cartolas e Pública, e o produtor Ray-Z, que trabalhou com diversos artistas dessa geração – seu primeiro trabalho no Sul foi para a banda Drive, da gravadora Orbeat, em 2005, (com o próprio Thedy como diretor artístico. Depois ele produziu os singles "Me Deixa Desafinar", do Bidê ou Balde, "Borracho y Loco" e "Grafitti", da Vera Loca, "Calling All Bands" e "Six Colors Frenesi", de Júpiter Maçã, entre outros. Na metade de 2010, o paulista radicado em Porto Alegre acabou sendo convidado pelo Nenhum de Nós para o seu 14º disco.

Thedy: "Eu tinha ouvido produções dele para alguns artistas da cena indie gaúcha, especialmente o disco dos Valentinos. Queríamos alguém acostumado com os dilemas de uma banda nova, que tivesse que mudar o chip para trabalhar com um artista com muitos anos de estrada. Ele foi muito propositivo, e nossa ideia de um trabalho mais radical funcionou."

Ray-Z: "Fiquei preocupado quando Thedy ligou para fazer o convite, porque meu lance é rock com guitarras bem altas e saturadas, e o Nenhum de Nós que eu conhecia na época estava numa fase acústica. Eu disse para ele que minha participação podia dar uma cara mais alternativa para o disco, e ele respondeu que era justamente essa a ideia. Aí levei minha guitarra já no primeiro ensaio da pré-produção, tocamos juntos e assim nos entendemos perfeitamente. O Carlão e o Veco tocam muito bem, o que não é novidade, e a bateria do Sady ficou mais reta e agressiva, ele sentou a mão".

As guitarras preponderam no álbum, mas o acordeão também tem espaço, em "Um Pouquinho" e "Tu Vicio" – Ray-Z descreve João Vicenti como "o samurai das teclas". Uma das novidades é a parceria de Thedy com Fábio Cascadura, da banda baiana de rock Cascadura, no folk "Pequena" – música para a qual Ray-Z se relacionou com uma emoção especial, porque sua filha tinha acabado de nascer e "a letra é uma declaração de amor paterno incrível".

Os demais parceiros em composições de Thedy são os uruguaios Federico Lima, o Socio, e Sebastián Peralta, na balada "Mistério Profundo", o argentino Pablo Uranga, em "3 Mil Léguas", e o sempre elegante Leoni, no rockão "Melhor e Diferente". Duca Leindecker, do Cidadão Quem e Pouca Vogal, faz vocais no rock melódico e potente "Água e Fogo", uma das melhores faixas do disco – "que teve várias versões e exigiu muito trabalho no estúdio até chegar no resultado final", revela Thedy –, ao lado de "Primavera no Coração" e "Último Beijo", ambas com pegada de britpop. Esta última ganhou um videoclipe, dirigido com Cláudio Veríssimo, e que estreou no site oficial da banda no YouTube.

A *Contos de Água e Fogo Tour* passou pelas principais capitais do Brasil e chegou ao Paraguai e Uruguai, em mais de 250 shows realizados a partir de 2011, que culminaram com a transição para outro trabalho acústico, porém com uma proposta diferente: lançado em julho de 2013, em CD e DVD, *Contos Acústicos de Água e Fogo* (Ímã Records) tem 15 faixas vertidas para o folk em versões desplugadas e desaceleradas, todas registradas ao vivo, mas em estúdio, com os instrumentos convencionais e outros menos cotados, como banjo, ukelele, harpa chinesa (gu zheng) e bumbo-leguero. Nove músicas são de *Contos de Água e Fogo;* uma é inédita, o country "Aquela Estação"; uma relê "Crímen", do argentino Gustavo Cerati; as demais são os antigos sucessos "Vou Deixar que Você se Vá", "Paz e Amor", "Julho de 83" e "Feedback".

Nas imagens do DVD, dirigido por Cláudio Veríssimo e conceitualmente sensorial, cada música passou pelo filtro das artes visuais, com referências a diferentes estéticas. Thedy revela a história por trás desse disco: "O *Contos Acústicos* era para ser apenas mais um presente para fãs, tipo o *Acústico Paz e Amor*. Faríamos uma gravação relâmpago, em estúdio, para não repetir a coisa de ser ao vivo, logo depois da tradicional temporada acústica do São Pedro. A ideia evoluiu para um DVD que registrasse apenas essa gravação, mas o diretor Cláudio Veríssimo veio com um monte de ideias e o que era para ser algo simples e despojado virou uma espécie de DVD de arte, em que cada música recebeu um tratamento especial, com participações como a do ator Zé Victor Castiel, declamando um trecho de "Aquela Estação".

Os diferentes artistas que ganharam releituras da banda gaúcha foram lembrados na coletânea *Nenhum de Nós Outros* (Ímã Records), de julho de 2012, que comemora os 25 anos de carreira da banda. O repertório tem canções que também fizeram sucesso na releitura do quinteto, como "Canção da Meia-Noite" e "Um Girassol da Cor do Seu Cabelo", além de outras menos cotadas, mas não menos interessantes, como "Piquete do Caveira", do disco *Alhos com Bugalhos*, dos Almôndegas, "Clara", da banda uruguaia No Te Va Gustar, e "Ideologia", de Cazuza, gravada ao vivo no festival Aldeia Atlântida, direto da mesa de som.

Para seu novo álbum de inéditas em estúdio, a banda idealizou um projeto de imersão em quatro fases, que consistia em gravar quatro EPs, com cinco músicas e durante 10 dias cada, em cidades diferentes – uma *wishlist* incluía Montevidéu, Buenos Aires, Rio de Janeiro e Salvador, e a primeira etapa, na capital uruguaia, teria os locais Socio e Sebastián Peralta como produtores, mas não rolou por conta da agenda dos uruguaios. Assim, a banda resolveu começar o projeto pela etapa dois, e Thedy sugeriu o produtor Júnior (JR) Tostoi, de quem tinha se aproximado pelo Facebook e descobriu que era fã do Nenhum de Nós.

Guitarrista desde os 13 anos, músico da banda de apoio de Lenine, com quem coproduziu o álbum *Labiata*, JR Tostoi montou no fim dos anos de 1990 a banda Vulgue Tostoi, com Marcelo H e Victor Z, em que desenvolvia a pesquisa de novas sonoridades e incorporava linguagem eletrônica ao pop – seu trabalho de produção tem prioritariamente um viés não-convencional, e suas primeiras experiências foram com um gravador de fita cassete de 4 canais.

JR Tostoi: "Conheci o Thedy por conta do Bruce Lee! Eu adoro Bruce Lee e postava umas fotos e frases dele no Instagram e Facebook. Daí ele me escreveu e descobrimos que, em comum, somos fãs de quadrinhos, cinema..."

Thedy: "Consultei o Sacha e ele me recomendou muito o trabalho do Tostoi como produtor. Pensei que seria bacana ter um olhar carioca-indie-MPB em nosso trabalho, os guris gostaram da ideia e fechamos com ele".

JR Tostoi: "Acompanho o Nenhum de Nós desde a versão de 'O Astronauta de Mármore', comprei discos deles, mas nosso país é gigante e o Sul tem um mercado próprio em que os artistas não necessariamente precisam sair pra sobreviver. Quando foi divulgado que eu produziria a banda, amigos de muitos Estados do Brasil me escreveram dizendo que tinham certeza que eles tinham acabado!"

Por conta de viabilidades técnicas e operacionais, a primeira imersão foi marcada para o estúdio da ACIT, em Caxias do Sul, no inverno de 2014. Além do quinteto, subiram a Serra Gaúcha o baixista convidado, Estevão Camargo, o engenheiro de som da banda, Fernando Dimenor, e o produtor, JR Tostoi, que assim se envolveu com o trabalho desde o nascedouro das músicas: "Pude colaborar na escolha do repertório, na sonoridade e na busca do minimalismo no produto final. Thedy é um líder aberto às opiniões e que dá liberdade artística a todos. A banda é musicalmente afiada e muito séria, compenetrada, mas muito bem-humorada também, uma boa surpresa."

Sem o peso de ter que gravar um disco, o sexteto registrou 11 músicas em 10 dias, e o que era o primeiro EP acabou se transformando no 16º álbum da carreira do Nenhum de Nós, *Sempre É Hoje*, lançado em 16 de junho de 2015 e disponibilizado em CD (pela Ímã Records) e em todos os players digitais de música, como Google Play, Spotify, Rdio, Xbox, Amazon, Napster, Deezer e iTunes, pela DeckDisc – um dado sintomático para quem teve seu primeiro trabalho fonográfico, lançado em 1987, somente em vinil.

O título rende tributo a um dos maiores ídolos e influenciadores da sonoridade da banda, o lendário roqueiro argentino Gustavo Cerati, ex-vocalista do Soda Stereo, que sofreu um AVC isquêmico em 15 de maio de 2010, permaneceu em coma durante quatro anos e faleceu em 4 de setembro de 2014. Com ênfase na música eletrônica, *Siempre es Hoy*, de 2002, é o terceiro disco solo de Cerati. A homenagem surgiu durante as gravações, quando os comentários entre a banda e o produtor (que também é fã do argentino) de que a concepção das músicas remetiam ao som de Cerati se tornaram recorrentes. Para completar a inspiração portenha, a capa de *Sempre É Hoje* foi criada pelo designer gráfico de Buenos Aires Martin de Pasquale, que se notabilizou pela criação de imagens surrealistas.

Com 10 faixas, o disco de 2015 do Nenhum de Nós tem participação da cantora Roberta Campos na balada "Foi Amor", um poema do livro *Bruto*, de Thedy, que ela musicou – e que recebeu as cordas do Quinteto da Paraíba. O vocalista novamente tem uma parceria com Fábio Cascadura, "Colhendo Tempestades", com inspiração na Jovem Guarda, e pela primeira vez divide a assinatura de uma canção com o baixista Estevão Camargo, coautor de "Estrela do Oriente": "Nas viagens com a banda, eu e o Thedy conversamos muito sobre música, livros, quadrinhos e desenhos. Um dia eu perguntei se ele teria alguma letra engavetada pra eu criar alguma coisa, e ele me disse: 'Tens o meu livro *Bruto*? Pode pegar qualquer uma, só cuida porque algumas já foram musicadas'. Na viagem de volta, devorei o livro e marquei uns cinco poemas que poderiam virar música. Dois dias depois sentei com o violão e o livro. Na primeira tentativa parei no refrão, mas voltei pro violão com a poesia da página ao lado e a melodia saiu inteira. Era 'Estrela do Oriente', que Thedy havia escrito para sua filha, Stella. Liguei pra contar mas ele respondeu que já tinha musicado aquela letra. Só acrescentou que a minha estava muito melhor e ela foi gravada!"

Pop e dramática (como um bom som argentino), "Milagre", que abre os trabalhos, dá o tom das inquietações de uma banda que chegou com absoluta vitalidade na terceira década da carreira: "Pena que perdemos tempo sem saber / pena que perdemos tempo a escutar / música sem emoção / música sem sentimento." A sensibilidade das guitarras de Carlão e Veco se evidenciam em "Descompasso", que parece ter The Edge, do U2, na receita; em "Total Atenção", Sady proporciona ataques certeiros de bateria enquanto a gaita de João Vicenti, numa boa demonstração de como um instrumento deve trabalhar cirurgicamente a serviço da melodia, pontua o refrão; "Perfeita Companhia", com uma levada de baixo funkeado (pelo "sexto" Nenhum Estevão Camargo) e guitarras e teclados psicodélicos, resulta em um britpop dançante – e por falar nisso, "Se Você Ficar um Pouco Mais" remete a Oasis, e no pop elegante "Caso Raro" (de Thedy e João Vicenti), o vocal grave foi inspirado em Bowie na fase "Let's Dance".

Em 10 de junho de 2015, o jornal *Zero Hora* publicou uma reportagem sobre o disco, assinada por Gustavo Brigatti, com o título "Trintão enxuto". A apresentação do trabalho e a frase final, de Veco, são emblemáticas:

Bandas fechando datas redondas tendem a olhar para o passado. Preparam coletâneas, realizam turnês tocando discos na íntegra e relançam trabalhos. Perto de completar 30 anos, o Nenhum de Nós preferiu olhar para o futuro com o inédito **Sempre É Hoje**.

(...)

– Acho que ocupamos um lugar difícil de classificar, meio único – diz o guitarrista Veco Marques.

– Nos tornamos referência tanto pela nossa história quanto pela nossa música.

13.
SOBRE MENINOS E LOBOS

Prontos para mais um espetáculo, os integrantes da banda cumpriram seu último ritual antes de entrar em cena, um forte abraço mútuo, ainda nos camarins, de onde seguiram concentrados até o palco, passaram pelos *roadies*, pegaram seus instrumentos. Só depois de ocuparem seus postos encararam o público que foi vê-los na noite de sexta, dia 2 de agosto de 2013, no Cine Joia, em São Paulo (SP): havia mais de 800 pessoas no espaço, que estava quase lotado.

No implacável arquivo que registra todas as apresentações ao vivo do Nenhum de Nós em 30 anos de carreira, o público presente para o lançamento do DVD *Contos Acústicos de Água e Fogo* é sintomático. Nem de longe é a maior plateia, muito menos o show mais importante de uma banda que, por volta de abril de 2017, vai alcançar a marca de duas mil apresentações – as primeiras mil foram nos 18 anos iniciais, as demais nos últimos 12. No entanto, o fato de a banda lotar um espaço caracterizado pela curadoria apurada, em São Paulo, e provocar uma reação positiva de uma plateia desconhecida com um repertório recheado de novidades, quase duas décadas depois dos 15 pagantes de Poços de Caldas, e quase três décadas depois do Bangalô, diz muita coisa.

Naquela noite de sexta-feira, Thedy Corrêa (vocal), Carlos Stein (violão e guitarra), Sady Homrich (bateria), Veco Marques (violão e guitarra), João Vicenti (acordeão e teclados), e o convidado especial Edgard Scandurra, velho parceiro de outras histórias, estavam ratificando o que Juarez Fonseca, decano da crítica musical brasileira, escreveu no release do DVD:

Passados tantos anos, a significativa marca do Nenhum de Nós na história do rock brasileiro nem se discute. E mesmo com tanto sucesso, a banda investe em sua música como se estivesse começando. Dizer isso parece chavão, só que é a pura verdade.

Trinta anos depois do Bangalô, a banda que foi acusada de ser "uma invenção de gravadora" se movimenta sem qualquer dificuldade nos últimos 15 anos, apesar de a indústria fonográfica como a conhecíamos ter implodido. O Nenhum de Nós tem um posicionamento de mercado firme, independente e muito bem executado. É uma das mais longevas do rock brasileiro que mantém a formação inicial (com dois acréscimos), juntamente com Paralamas do Sucesso. É uma das que mais renovou seu público, e que menos apela para o repertório do passado.

É notório que sua evolução e seus conflitos acompanham os acontecimentos paralelos que envolvem todo o contexto da indústria fonográfica brasileira, o que inclui a crítica especializada e suas relações com os artistas. Reouvindo discos, relendo resenhas e entrevistas, é fácil notar o quanto havia de ingenuidade de todos os envolvidos nos primeiros tempos (sobretudo entre os anos de 1980 e a primeira metade de 1990), até mesmo, em menor proporção, das gravadoras, que ainda não tinham substituído seus diretores artísticos com formação musical por executivos de marketing com um MBA no currículo e a crença de que música é só um produto.

Se é verdade que muitos músicos estavam aprendendo a tocar, muitos jornalistas estavam aprendendo a comunicar o que estava sendo criado, numa época mais de melhores intenções do que boas realizações, e de muito achismo e pouca busca de informação, todo mundo junto influenciado por matrizes gringas e praticando o faça--você-mesmo, errando juntos e acertando também. Tratava-se de um belo e romântico mundo em construção, por vezes enfeado mais por falta de maturidade e necessidade de afirmação do que má vontade, com trilha sonora para todos os gostos e momentos.

Quando o Nenhum de Nós lançou o primeiro disco, não havia nem CD no Brasil. Hoje a música flutua no ar: em 2015, pela primeira vez, as receitas digitais (de downloads e streaming) e físicas (CDs, DVDs, LPs) tinham se igualado no mundo. A tecnologia evoluiu rápido demais e a música se tornou tão facilmente acessível e tão fluida, em todos os aspectos, que tem sua relevância diminuída em muitos cenários.

Trinta anos depois de sucessos, porradas e muito fãs, o Nenhum de Nós segue fazendo música. Não vou forçar no fim de festa e afirmar que o faz como se estivesse no Bangalô, ou na garagem de Dona Greta, ou no palco do Cais Entre Nós. Mas devo dizer que ainda faz música com emoção, e com os pés bem fincados no século 21, com todas as suas benesses digitais e as idiossincrasias que determinam que o romantismo está perdendo terreno para o profissionalismo em todas as áreas (até mesmo nos relacionamentos, tão caros para o conteúdo lírico da banda), mas resiste vez por outra, em riffs e licks e versos de canções como as do quinteto gaúcho. Músicas que, aí sim, lembram daquela garagem e daqueles palquinhos e até mesmo da infância no Colégio Nossa Senhora das Dores, na Riachuelo, em Porto Alegre, onde três garotos se conheceram com cadernos escolares nas mãos e uma porção de sons bacanas na cabeça.

REFERÊNCIAS BIBLIOGRÁFICAS

Dias de Luta, Ricardo Alexandre, Arquipélago Editorial

A Canção no Tempo, Jairo Severiano e Zuza Homem de Mello, editora 34

BRock – O Rock Brasileiro dos Anos 80, Arthur Dapieve, editora 34

Cheguei Bem a Tempo de Ver o Palco Desabar, Ricardo Alexandre, Arquipélago Editorial

Diccionario del Rock Argentino, Javier Aguirre, Depeapá Contenidos Editoriales

NOTA DO AUTOR

Assim que fui convidado, fiz uma proposta, aceita de forma imediata e unânime: vou escrever um livro de jornalismo, que contextualize o Nenhum de Nós ao tempo e espaço a que sempre pertenceu. Não será um livro de fã, não pretendo esconder erros e percalços, mas até mesmo enfatizá-los, quando necessário. Eles são fundamentais para contar a história de uma banda de rock trintona que se mantém não apenas em atividade, mas em crescimento.

É fundamental também contar que alguns textos tiveram como base de consulta escritos sobre a banda que o Carlão vinha registrando, incluindo algumas entrevistas que ele tinha feito – espero que algum dia eles venham ao mundo, em formato físico ou digital, com a visão dele sobre o próprio trabalho. Finalmente, é preciso agradecer ao Thedy, ao Carlão, ao Sady, ao Veco, ao João e ao Tonho, em três tempos: pela escolha e confiança no meu trabalho, pela liberdade que me deram, e pela colaboração irrestrita durante o processo. *Keep on rockin'!*

Marcelo Ferla

Sessão de fotos do
disco *Cardume*.
Foto: Leonid Streliaev

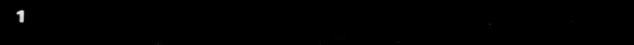

1

2

ILFORD   H P 5

5

ORD   HP5

Sessão de fotos para o primeiro
disco do Nenhum de Nós.
Foto: Milton Montenegro

Conversas e dilemas no estúdio durante a
gravação do primeiro disco. A inexperiência
era contornada com muito diálogo.
Foto: Acervo Nenhum de Nós

Um dos primeiros shows de Veco Marques,
ainda como músico convidado.
Foto: Acervo Nenhum de Nós

Sessão de fotos do disco *Cardume*.
Foto: Leonid Streliaev

ABRIL
APRIL
APRIL

15

QUARTA
MIERCOLES
WEDNESDAY
MITTWOCH

1987
(105 - 260)

16.a SEM.
16.a SEM.
16th W
16. WO

O "drapp" rock foi uma sugestão de Sady, inspirado no golpe aplicado por Ted Boy Marino nos programas de luta livre. Não era nada mais do que o salto com os dois pés golpeando o peito do adversário.

Mais uma banda aporta no cenário pós-tudo do Ocidente
Nenhum de Nós traz um rock falando dos delírios e exercícios de sobrevivência da sociedade industrial

O rock "drapp" no Ocidente

Eles prometem um rock drapp e se chamam Nenhum de nós, hoje à meia-noite no Ocidente (João Telles esquina Oswaldo Aranha). People Are é uma das músicas do grupo que vem tocando nas FMs. "Nossas músicas tratam do antióbvio e dispensam apelos fáceis e efêmeros que rolam por aí", dizem Drapp, segundo explicam, quer dizer "salto violento onde os pés de um contendor atingem violentamente o tórax do adversário".

Falam de influências da música negra, branca e até mesmo amarela, citam Bukowski ("um intelectual é um homem que diz uma coisa simples de maneira difícil; um artista é um homem que diz uma coisa difícil de maneira simples") e convidam a todos os que não os conhecem de outras apresentações (o grupo tem seis meses de vida) para matarem a curiosidade. Só hoje, á meia-noite, com ingressos no local.

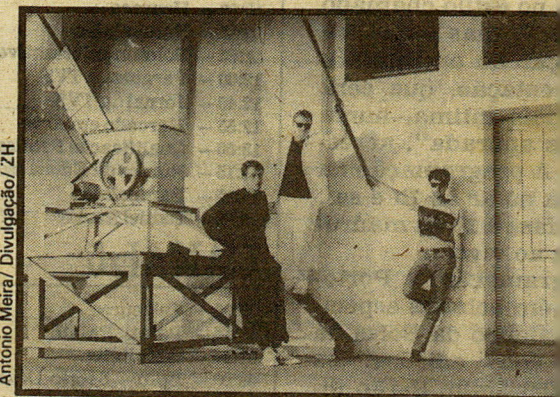

Antonio Meira / Divulgação / ZH

O som "drapp" no Ocidente

O trio é composto por Thedy Corrêa no baixo e vocal, Carlos Fillippon na guitarra Sady Homrich na bateria. E eles mostrará entre outras, O que Clark Kent não vi Homens-Caixa e a conhecida People Are

Manuscrito de *Cardume*, onde se pode observar a caligrafia dos três integrantes da banda, evidenciando o processo absolutamente coletivo de composição.

Bastava Cruzar os braços
(Bastava que eu cruzasse)

PARA QUE OUTRO MUNDO APARECESSE
(E LOGO OUTRO MUNDO APARECIA)
SOB A FORMA DE SEIS CRIANÇAS MORTAS
SUFOCADAS PELO SONO DE SUA MÃE
ESMAGADAS PELA FOME ABANDONADAS

Bastava Cruzar os braços
E NEGAR A VIDA COMO ELA ME SERVIA
(E) RECUSAVA
CARRO, CASA E CARRETRA
RECUSAVA
UMA ROTINA VAZIA
BASTAVA FECHAR OS OLHOS
E SONHAR COM O BRANCO DA PRISÃO
QUE ME SERVISSE DE REFÚGIO ENQUANTO O
MUNDO SEGUISSE SEU CAMINHO.

E QUEM SOMOS NÓS
NÃO IMPORTA O QUE DIGAM
A ESSE RESPEITO
ALGUÉM SABERÁ

¿QUEM SOMOS NÓS?
PRISÃO

VOZ

BASTAVA QUE EU VIRASSE MINHAS (AS) COSTAS
E LOGO OUTRO MUNDO APARECIA
SOB A FORMA DE 6 CRIANÇAS MORTAS
ESMAGADAS PELA FOME ABANDONADAS

SHOW DE IMBÉ 06/02/87

2' ADEUS
5' O HOMEM
4' TO X TÔA TÓKIO
4' PEQUENA ESTÓRIA
3' NO CLUBE
4' HOMENS-CAIXA
4' AS PESSOAS EXISTEM
5' METRÓPOLE

REBEL REBEL
FASHION
IZIMBRA
BURN TOWN THE HOU
PSYCHO KILLER

Setlist do emblemático show de Imbé. Entre os covers, Bowie e Talking Heads.

Banda e Marcelo Nadruz,
músico que foi o responsável
pelos teclados do primeiro
disco, no hotel Lord
Foto: Acervo Nenhum de Nós

Primeiríssima sessão de fotos
do Nenhum de Nós
Foto: Yula Dias

Em 2001, o Nenhum de Nós
comemorava 15 anos em
temporada no Theatro São Pedro.
Foto: Acervo Nenhum de Nós

Carlão, Tom, Veco, Tonho, Sady, Dante, Stella, Thedy, João Vicenti e Vicenti. Os Nenhuns e a filharada de então.
Foto: Acervo Nenhum de Nós

Thedy gravando as vozes no primeiro disco do NDN nos estúdios Veridiana, da RCA.
Foto: Acervo Nenhum de Nós

Reinaldo Barriga conversa com Thedy, Dante e Carlão, durante sessão de gravação do primeiro disco. *Foto: Acervo Nenhum de Nós*

Carlão no famoso show de Imbé.
Foto: Acervo NDN

Thedy e Sady participando do Festival
Estudantil da Canção Nativa
Foto: Acervo NDN

Sady durante as gravações da
primeira fita demo nos estúdios da
Eger, hoje Tec Audio
Foto: Acervo Nenhum de Nós

1996, durante o Kaiser Concert, com um caminhão
transformer que percorria o litoral paulista
Foto: Acervo Nenhum de Nós

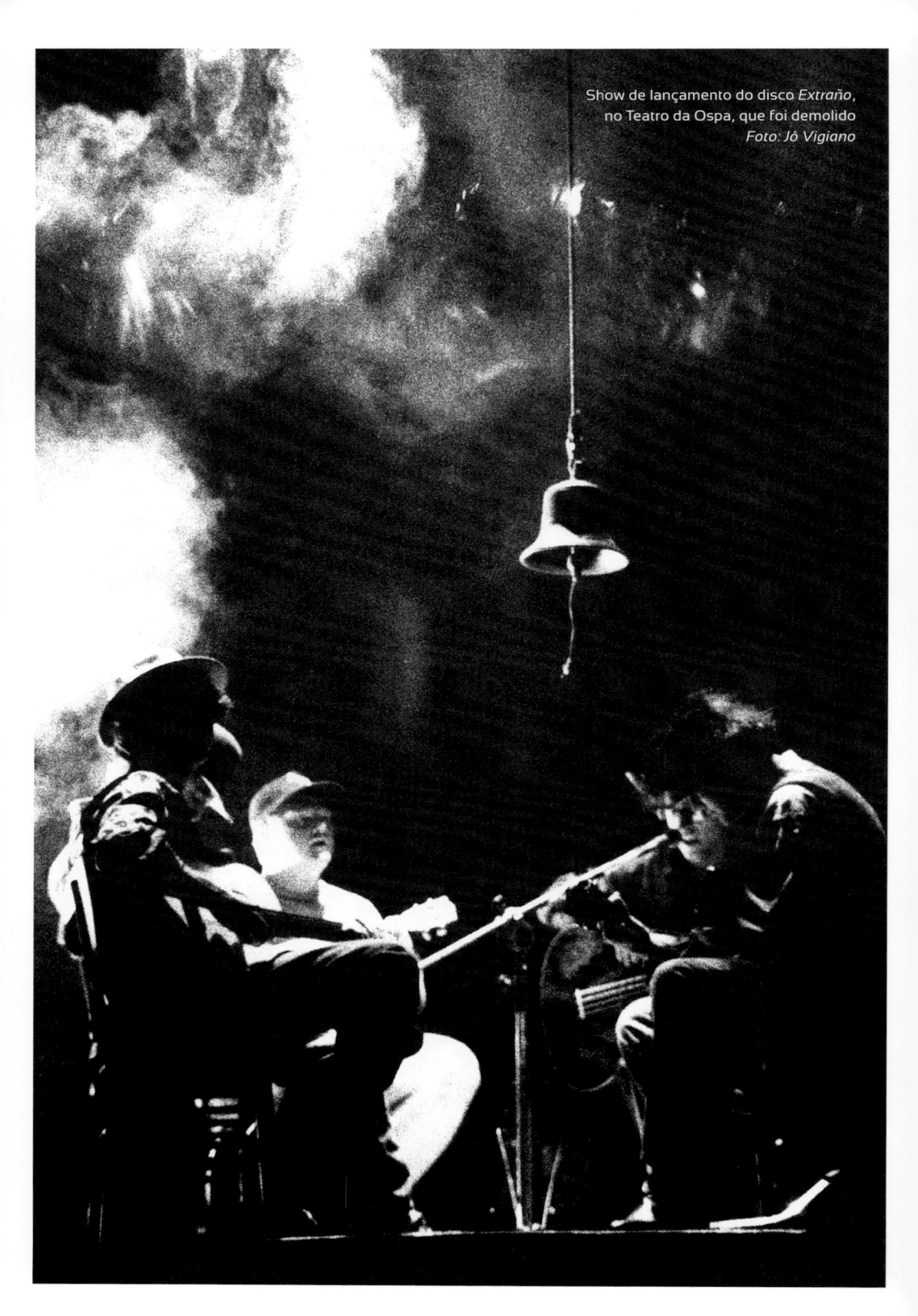

Show de lançamento do disco *Extraño*, no Teatro da Ospa, que foi demolido
Foto: Jô Vigiano

ZONA da RÁDIO CIDADE FM

Thedy e DJ Memê, que fez o remix de "Sangue Latino", gravada pelo NDN no quarto disco.

☐ Marcello Mansur vem pilotando com sucesso absoluto nossa *Festa da Cidade* (sextas-feiras das 22h à 00h, e aos sábados, das 20h às 00h) com as novidades do cenário *dance* da Europa e Estados Unidos. Nos mesmos dias, rola *Arco da Velha* (00h à 01h), com clássicos *dance*.

Memê também vem atacando como produtor de remixes exclusivos daqui da **Cidade**, como por exemplo *O canto da Cidade*, de Daniela Mercury, e a versão para o *cover* da música *Sangue Latino* dos Secos e Molhados, que o grupo gaúcho Nenhum de Nós fez e Marcello mais que rapidamente transformou num autêntico *garage house*, aprovado inclusive pelo próprio vocalista da banda, o Thedy. A foto aí proque os dois se entenderam **muito** bem.

Millésimo
O SHOW Nº 1000 DO NENHUM DE NÓS
FIAT
não vale como ingresso

O SHOW Nº 1000 DO NENHUM DE NÓS
CONVITE INDIVIDUAL
02.ABRIL.2004 - 21h - ARAÚJO VIANNA

Troque este convite por um ingresso nas bilheterias do Araújo Vianna, no dia do show, das 12h às 19:30. Após este horário este convite perde a validade.
000241

Ingresso do milésimo show onde a Fiat aproveitou para patrocinar a apresentação no Araújo Vianna - para promover o seu automóvel, o Uno Mille.

Thedy e Carlão afinando os instrumentos no primeiro disco.
Foto: Acervo Nenhum de Nós

Capa da fita cassete que chamou a atenção de Tadeu Valério, diretor artístico do selo Plug, da RCA. Nela estava gravada a canção "Camila, Camila"

Thedy e João Vicenti gravam vocais
no quarto disco do NDN
Foto: Acervo Nenhum de Nós

Show em Fortaleza quando Carlão estava afastado em razão da hepatite.
Foto: Acervo NDN

Durante a Tour da Kaiser e seu caminhão transformer, que ganhou esse apelido em razão de se transformar em um ótimo palco para apresentações.
Foto: Acervo NDN

João Vicenti, Thedy e Carlão.
Concentração e cansaço durante as
gravações do disco *Mundo Diablo*.
Foto: Acervo NDN

Carlão e Veco em visita a loja de
equipamentos musicais em Los Angeles.
Foto: Acervo NDN

Acústico *Paz e Amor*, no
Theatro São Pedro, em 1999.
Foto: Acervo NDN

ROCK IN RIO II

26

CREDENCIAL DE ACESSO
Nº 000041

ARTISTA

NENHUM
DE NOS

26

CARLOS FILLIPON STEIN
MUSICO
NENHUM DE NOS

Nenhum de Nós

Veco e Thedy no Rock
in Rio II, em 1991.
Foto: Ricardo Siqueira

Nenhum esperando para participar do show dos mineiros do Skank no Gigantinho, em Porto Alegre, em 1996.
Foto: Acervo NDN

S.E.R. Nenhum de Nós (Sociedade Esportiva e Recreativa Nenhum de Nós), time de futebol que a banda criou quando do lançamento do disco *Mundo Diablo*. Deu origem ao nome do mais antigo fã-clube do grupo. Aqui, durante a gravação de um videoclipe para programa esportivo, dentro do Beira-Rio. *Foto: Acervo NDN*

Em 1996, 500 mil discos era um montante a ser comemorado, com direito a lançamento do novo uniforme do S.E.R. Nenhum de Nós. *Foto: Raul Krebs*

Thedy e Flávio Venturini, durante as sessões de gravação da participação do mineiro no disco *Mundo Diablo*, na canção "Um Pouco Mais". *Foto: Acervo NDN*

Pena Schmidt, produtor do disco *Mundo Diablo*, conta uma de suas memoráveis histórias, na Tec Audio. *Foto: Acervo NDN*

A banda com Tonho Meira, empresário, e Dante Longo, tour manager, membros da família Nenhum de Nós desde os primeiros anos.
Foto: Acervo NDN

A banda, ainda sem João Vicenti, durante sessão de fotos de divulgação, em 1994.
Foto: Antônio Meira

Momento de descontração durante a
sessão de fotos do disco *Paz e Amor*.
Foto: Fabian Gloeden

Nenhum de Nós e o argentino
Fito Paez durante a participação
no disco *Mundo Diablo*.
Foto: Acervo NDN

Em 1994, nas gravações do álbum *Nenhum de Nós Acústico Ao Vivo no Theatro São Pedro*. O palco foi todo decorado com folhas de plátano recolhidas dos parques da cidade.
Foto: Acervo NDN

Show de lançamento do disco *Paz e Amor*, no Teatro da OSPA. Na primeira parte do concerto, o disco foi interpretado na íntegra e na ordem de gravação, com a participação de Nei Lisboa na música "Telhados de Paris". Na segunda parte do show, os sucessos da banda.
Foto: Chris Rochol

O trio com Vitor Hugo, da Vitor Hugo e os Miseráveis, em sessão de fotos.
Foto: Acervo NDN

Mais de 200 pessoas trabalharam durante a gravação de *Nenhum de Nós a Céu Aberto*. Foto: Ines Arigoni

Gravação do álbum *Nenhum de Nós a Céu Aberto*, em abril de 2007, no Parque da Harmonia, em Porto Alegre. Foto: Ireno Jardim

No estúdio Submarino Amarelo, durante as gravações do disco *Contos de Água e Fogo*. Thedy, Fernando Dimenor (técnico de gravação), Ray-Z (produtor), Carlão, João Vicenti e Sady – o camisa 10.
Foto: Acervo NDN

Em 2003 o Nenhum de Nós lançou *Acústico ao Vivo 2*, terceiro disco de ouro da banda.
Foto: Raul Krebs

Encontro inesquecível para Thedy, com o ídolo que foi homenageado no disco *Sempre É Hoje*, Gustavo Cerati. Camarim do Teatro Gran Rex, em Buenos Aires.
Foto: Acervo NDN

Thedy acompanhou as gravações do acústico do músico Lenine, seu parceiro "onírico" na canção "Nego", do disco *Histórias Reais, Seres Imaginários.*
Foto: Acervo NDN

Gravação do videoclipe de
"Jornais", em 1992.
Foto: Acervo NDN

Gravação do videoclipe de "Você Vai Lembrar de Mim", em 1999.
Foto: Acervo NDN

A tour do disco *Mundo Diablo*.
Foto: Acervo NDN

Sessão de fotos do disco *Histórias Reais, Seres Imaginários*.
Foto: Marcelo Nunes

A banda em 2016, completando 30 anos.
Foto: Raul Krebs

Durante a gravação do videoclipe de "Milagre".
Foto: Marcelo Amaral